www.ingramcontent.com/pod-product-compliance
Lightning Source LLC
LaVergne TN
LVHW010327070526
838199LV00065B/5684

چراغِ منزل

(غزلیات)

دِواکر راہی

© Divakar Rahi

Charagh-e-Manzil *(Ghazals)*
by: Divakar Rahi
Edition: December '2024
Publisher :
Taemeer Publications LLC (Michigan, USA / Hyderabad, India)

ISBN 978-93-5872-170-6
9 789358 721706

مصنف یاناشر کی پیشگی اجازت کے بغیر اس کتاب کا کوئی بھی حصہ کسی بھی شکل میں بشمول ویب سائٹ پر اَپ لوڈنگ کے لیے استعمال نہ کیا جائے۔ نیز اس کتاب پر کسی بھی قسم کے تنازع کو نمٹانے کا اختیار صرف حیدرآباد (تلنگانہ) کی عدلیہ کو ہو گا۔

© دِواکر راہی

کتاب	:	**چراغِ منزل** (غزلیں)
مصنف	:	**دِواکر راہی**
صنف	:	شاعری
ناشر	:	تعمیر پبلی کیشنز (حیدرآباد، انڈیا)
سالِ اشاعت	:	۲۰۲۴ء
صفحات	:	۱۷۲
سرورق ڈیزائن	:	تعمیر ویب ڈیزائن

فہرست

غزلیات

#	مصرع	صفحہ
۱	وہ بشر جو اٹھائے نازِ خدا	۱۳
۲	جب میں دروغ گو تھا بڑا اہتمام تھا	۱۴
۳	ذہنِ انساں کو جب جھنجھوڑے گا	۱۵
۴	عہد و پیماں کا ۔ قسم کا ۔ نہ ادا کاری کہ	۱۶
۵	اظہارِ رنجِ دعا پہ یہ عالمِ حجاب کا	۱۷
۶	پہلے خود اپنا جائزہ لینا	۱۸
۷	شبِ فرقت یہی سوچا کیے وہ آ رہا ہوگا	۱۹
۸	ہمارا ذکر چھڑا اور انہیں حجاب آیا	۲۰
۹	نیا رستہ بنانے سے سفر آسان بھی ہوگا	۲۱
۱۰	جب کشتیِ امید کو ملتا ہے کنارا	۲۲
۱۱	وہ رہِ حق پہ چل نہیں سکتا	۲۳
۱۲	راہِ وفا سے کوئی بھی ناآشنا نہ تھا	۲۴
۱۳	ذکرِ سوزِ جگر سے کیا ہوگا	۲۵
۱۴	کرم آلودہ ہو جب ان کی نظر آپ سے آپ	۲۶
۱۵	کیسے ماحول میں کب کس نے کہی تھی کیا بات	۲۷
۱۶	خضر کی شکل ہے کردار ہے رہزن کی طرح	۲۸
۱۷	اپنے حالات میں ہو کیسے تغیر کچھ اور	۲۹
۱۸	شیخ باز آتے نہیں میخانے میں آئے بغیر	۳۰

۳۱	۱۹ شیخ کو کیسے کریں ہم در گزر
۳۲	۲۰ چشمِ ساقی کا کرم دیکھیے میخانے پر
۳۳	۲۱ مجھے جو دیکھا تو بولا پکار کر پتھر
۳۴	۲۲ ساقی ہے مے ہے اور ہے پیمانہ تصور
۳۵	۲۳ جس کو کہتے ہیں رُوح کی پرواز
۳۶	۲۴ ساقی سے ملاقات مجھے یاد ہے اب تک
۳۷	۲۵ یہ سارا ماحول دل شکن ہے چلو یہاں سے نکل چلیں ہم
۳۸	۲۶ مشعلِ زندگی کی لَو ہیں ہم
۳۹	۲۷ وہ تصور میں بھی آتے ہیں تو آہستہ قدم
۴۰	۲۸ حالِ سوزِ غمِ دل کہہ کے پشیمان ہیں ہم
۴۱	۲۹ غصے میں ۔ برہمی میں ۔ غضب میں ۔ عتاب میں
۴۲	۳۰ اب تو اتنی بھی میسر نہیں میخانے میں
۴۳	۳۱ ضبطِ غم نے لبِ اظہار سے باتیں کی ہیں
۴۴	۳۲ جنوں کے ناز اُٹھاؤں خرد کا کام کروں
۴۵	۳۳ سلجھا رہے ہیں جتنا اُتنے ہی بل پڑے ہیں
۴۶	۳۴ تو نہیں ہے تو ترے نام سے باتیں کی ہیں
۴۷	۳۵ وہ اپنے ہاتھ سے ساغر نہ دیں شراب نہ دیں
۴۸	۳۶ کھڑے ہیں تاک میں ہر سمت دشمنانِ وطن
۴۹	۳۷ وہ جو فطری ربط ہے انسان اور انسان میں
۵۰	۳۸ کچھ ایسے بھی احساس والے ہوئے ہیں
۵۱	۳۹ خونِ دل بےحساب دیتا ہوں

۵۲	ہر چند مری یاد وہ ٹالے ہوئے توہیں	۴۰
۵۳	جو حالات بدلیں روایات بدلیں	۴۱
۵۴	ہر گام پہ کانٹے ہیں اور پاؤں میں چھالے ہیں	۴۲
۵۵	جو اقتضائے رہ ارتقا سمجھتے ہیں	۴۳
۵۶	ہم نے جو وعدے کیے تھے وہ نبھائے کہ نہیں	۴۴
۵۷	جو ہر دم شکوۂ بے کیفی حالات کرتے ہیں	۴۵
۵۸	خود اُن کو اپنے ارادوں پہ اعتبار نہیں	۴۶
۵۹	نہ منزل ہے نہ منزل کے نشاں ہیں	۴۷
۶۰	شعور فکر اگر جُز و زندگی ہو جائے	۴۸
۶۱	سوچتا ہوں کھری کھری کہہ دوں	۴۹
۶۲	سر بہ سر ڈوب کے احساس کی گہرائی میں	۵۰
۶۳	گیسوئے یار جب بکھلتے ہیں	۵۱
۶۴	خزاں کے دور میں کبھی شادماں ہوں	۵۲
۶۵	اک نئی راہ کی تعمیر کیا کرتے ہیں	۵۳
۶۶	ہم تری راہ جستجو میں جہاں ٹھہرے ہیں	۵۴
۶۷	راہِ ظلمت میں جلا کر جو دیے جاتے ہیں	۵۵
۶۸	شمس کہتا ہوں کبھی اُن کو قمر کہتا ہوں	۵۶
۶۹	وہ نہ باطن میں ہے نہ ظاہر میں	۵۷
۷۰	پتھروں سے سوال کرتے ہو	۵۸
۷۱	نظامِ میکدہ بدلو نہ طرزِ مے کشی بدلو	۵۹
۷۲	کون کس سے بھلا خطاب ہو؟	۶۰

73	تم نے مظلوم کی آہوں میں اثر دیکھا ہو	61
74	کوئی انسان جب پریشاں ہو	62
75	بندگی جب ہمارا مقصد ہو	63
76	وہ جو خوش ہو رہے ہیں ہونے دو	64
77	گلستاں کی نئی تعمیر تو ہو	65
78	دل میں تیری آرزو ہو لب پہ تیرا نام ہو	66
79	نہ کہو حُسنِ ماسوا نہ کہو	67
80	کس کی ہے ذات سزاوارِ اناالله	68
81	بندشیں جب عقب بیانی پر لگا دی جائیں گی	69
82	جو ترے ساتھ تری بزم میں گزارا ہے	70
83	منہ پھیر تو لیتے ہیں رُخ قاتل کی طرف سے	71
84	جانے کہاں سے آ گئی خوشبو گلاب کی	72
85	مجھے غم ہے پشیمانی نہیں ہے	73
86	ایماں کو جس نے بیچ کے قیمت وصول کی	74
87	ادراک کا یہ مشورہ ہم کو قبول ہے	75
88	ٹھیک ہے واعظ! تمہیں شعلہ فشانی چاہیے	76
89	وہ بے وفا ہے وہ مغرور ہے وہ قاتل ہے	77
90	مانا غمِ حیات بہت بے حساب ہے	78
91	جن کی نظروں میں ہے حُسنِ کائناتِ زندگی	79
92	ازل سے تا ابد میرا سفر ہے	80
93	یہ منزلت تو دیکھ کہ خود اپنے نام سے	81

۸۲	ہر اک رشتے کو توڑا جا رہا ہے	۹۳
۸۳	یہ جاننے کے علاوہ کہ جام میں کیا ہے؟	۹۵
۸۴	مجھ خوگرِ بیداد پہ بیداد کرو گے	۹۶
۸۵	وہ ایک شب جو سحر کو ئے یار گزری ہے	۹۷
۸۶	کہہ تو سکتا ہوں مُدعا کیا ہے؟	۹۸
۸۷	راہزن کو رہنما کہنے لگے	۹۹
۸۸	سوچ کر بھی جو بشر دہم و گماں تک پہنچے	۱۰۰
۸۹	اگر اے ناخدا! طوفان سے لڑنے کا دَم خم ہے	۱۰۱
۹۰	آج تو حد سے گزر جانے کو جی چاہتا ہے	۱۰۲
۹۱	جب سے پھولوں کی آرزو کی ہے	۱۰۳
۹۲	ہم سے وہ بے خبر نہ ہو جائے	۱۰۴
۹۳	زندگی میں بڑا ضروری ہے	۱۰۵
۹۴	نہ آدمی نہ کتاب اور نہ معجزات میں ہے	۱۰۶
۹۵	کہیں ہو قصرِ سلطاں میں نہیں ہے	۱۰۷
۹۶	کوئی کبھی کسی سے نہ عہدِ وفا کرے	۱۰۸
۹۷	وہ محبت جو والہانہ ہے	۱۰۹
۹۸	آدمی میں اگر بصیرت ہے	۱۱۰
۹۹	دوستی ہے نہ یہ عداوت ہے	۱۱۱
۱۰۰	زلف جب عارضِ تاباں پہ بکھر جاتی ہے	۱۱۲
۱۰۱	یہ جو ترے بارے میں مری در دوسری ہے	۱۱۳
۱۰۲	کیوں نہ بل بل کر کریں وہ اہتمامِ زندگی	۱۱۴

115	سب کچھ سپردِ جلوۂ حُسن و جمال ہے	۱۰۳
116	شاذ و نادر ہی پیار ہوتا ہے	۱۰۴
117	کہنے کو اک نگاہِ محبت کی بات ہے	۱۰۵
118	نا آشنائے راہ سہی جستجو تو ہے	۱۰۶
119	جو نشاطِ رنگ و نکہت کی فضائیں کھو گئے	۱۰۷
120	مجھ کو ساقی نے اس انداز سے صہبا دی ہے	۱۰۸
121	پلٹ کے آئے نہ اُس بزم کے تماشائی	۱۰۹
122	عشق نے دل پہ بارِ الم رکھ دیے	۱۱۰
123	اُن کا پیغام کوئی آئے تو کچھ بات بنے	۱۱۱
124	اک گنہگار جو مے خوار بھی ہو سکتا ہے	۱۱۲
125	برق و باراں کو جلائیں گے نہیں مانیں گے	۱۱۳
126	جب خیالات کو لفظوں کی قبا دی جلے	۱۱۴
127	جاں نثاری کی ادا جو اُن کے دیوانے میں ہے	۱۱۵
128	ہر وہ اندازِ تفکّر چھوڑ دے	۱۱۶
129	جو مصلحت کے تقاضوں کو ہم نہ ٹھکراتے	۱۱۷
130	ہائے وہ بھی برتو مجھ سے غافل ہے	۱۱۸
131	شاید اسی لیے کہ ہر اک تشنہ کام ہے	۱۱۹
132	اُن کی نظرِ کرم جو مجھ پر ہے	۱۲۰
133	اگر نا آشنائے رازِ گل شبنم نہیں ہوتی	۱۲۱
134	کچھ نئی بات ہونے والی ہے	۱۲۲
135	ممکن نہیں کہ ایسی گھڑی کوئی بنا دے	۱۲۳

۱۲۴	نیک مقصد کے لیے ہر کام ہونا چاہیے	۱۳۶
۱۲۵	کوئی کیوں مشکلاتِ راہ سے حیران ہوتا ہے	۱۳۷
۱۲۶	دوزخ کے خوف میں ہے نہ خوابِ ارم میں ہے	۱۳۸
۱۲۷	حق و انصاف کی بے خوف حمایت کی ہے	۱۳۹
۱۲۸	میرا دل بے بسی کا مدفن ہے	۱۴۰
۱۲۹	سجدۂ سنگ دِ جو یتا ہے	۱۴۱
۱۳۰	مرا وطن ہے مرا شہر ہے مرا گھر ہے	۱۴۲
۱۳۱	آج بھی ذہن شاعری میں کم ہے	۱۴۳
۱۳۲	ہم اسی واسطے بیٹھے ہیں یہاں دل	۱۴۴
۱۳۳	ہزاروں بار کہہ کر بے وفا کو با وفا میں نے	۱۴۵
۱۳۴	نہ چارہ گر کے نہ کچھ بھی دوا کے ہاتھ میں ہے	۱۴۶
۱۳۵	احساسِ رہائی نے لی ہے وہیں انگڑائی	۱۴۷
۱۳۶	یہ سچ ہے میسر حضوری نہیں ہے	۱۴۸
۱۳۷	سوچ مست اپنے مرنے جینے کی	۱۴۹
۱۳۸	مجھے خبر ہے مری شانِ جستجو کیا ہے	۱۵۰
۱۳۹	کچھ آدمی سماج پہ بوجھل ہیں آج بھی	۱۵۱
۱۴۰	امن عالم جبر کے جس آہنی پنجے میں ہے	۱۵۲
۱۴۱	ذرا بھی شور موجوں کا نہیں ہے	۱۵۳
۱۴۲	اِس شہرِ نگاراں کی کچھ بات نرالی ہے	۱۵۴
۱۴۳	اگر تسخیرِ دل ہو جائے تو یہی اکبر ہے	۱۵۵

۱۵۷	تابِ نظارہ ہے۔ دل حاصلِ صد طور بھی ہے	۱۴۴
۱۵۷	ہرگز نہ مانتا کہ وہ جلوہ بشر میں ہے	۱۴۵
۱۵۸	ابھی سے اے دلِ ناداں! یہ بےخودی کیا ہے	۱۴۶
۱۵۹	نظر شاہد ہے اس کی دل کشی کچھ اور بڑھتی ہے	۱۴۷
۱۶۰	سنگ دل پر بھی محبت کا اثر ہوتا ہے	۱۴۸
۱۶۱	خیالِ ضبط نے جب بندشِ فغاں کی ہے	۱۴۹
۱۶۲	آئنہ سامنے ہے عالمِ تنہائی ہے	۱۵۰
۱۶۳	شکر ہے جاتا رہا سر سے عذابِ زندگی	۱۵۱
۱۶۴	آگہی جب فریب کھاتی ہے	۱۵۲
۱۶۵	شیخ کو ہم نے کہیں وقتِ اذاں دیکھا ہے	۱۵۳
۱۶۶	بقدرِ تشنگی لیجیے ۔ جہاں بھی مل سکے ۔ پانی	۱۵۴
۱۶۷	ہر بات میری اُن کی سماعت پہ بار ہے	۱۵۵
۱۶۸	پُرسشِ حال بہ ہر طور عیادت ہوگی	۱۵۶
۱۶۹	فکر احساس کی معاون ہے	۱۵۷
۱۷۰	کہہ رہا ہے کوئی اُٹھ کے سہی جو تیرا راز ہے	۱۵۸
۱۷۱	گفتگو یہ کہ زیست فانی ہے	۱۵۹
۱۷۲	ہر اہتمام سیاست کا شاخسانہ ہے	۱۶۰

غزلیات

وہ بشر جو اُٹھائے نازِ خدا
کیوں نہ ہو آشنائے رازِ خدا

عقل کچھ بھی دلیل دے لیکن
کون سا دل ہے بے نیازِ خدا

یادِ خالق کی ہے اذاں اے شیخ!
خدمتِ خلق ہے نمازِ خدا

گوشِ دل سے ذرا سنو۔ راہیؔ!
ہر طرف نغمہ زن ہے سازِ خدا

جب میں دروغ گو تھا بڑا اہتمام تھا
"اللہ کی قسم" مرا تکیہ کلام تھا

اِس سادگی سے تو نے دیا تھا ہمیں پیام
گویا ترا نہیں وہ خدا کا پیام تھا

اُن کی نگاہ میں، جو قدامت پسند ہیں
گزرے ہوئے زمانے کا بہتر نظام تھا

اب یہ مقام ہے کہ کوئی چاہتا نہیں
سب مجھ کو چاہتے تھے۔ کبھی وہ مقام تھا

راہیؔ کے بعد اُس کے لیے کوئی کچھ کہے
لیکن یہ سب کہیں گے کہ وہ تیز گام تھا

ذہنِ انساں کو جب جھنجھوڑے گا
غم طلسمِ فریب توڑے گا

پنجۂ ظُلم جو مروڑے گا
اپنا رشتہ خدا سے جوڑے گا

وقت برباد کرنے والے کو
وقت برباد کر کے چھوڑے گا

اُس کو حالات ہی نہ چھوڑیں گے
خود کو حالات پر جو چھوڑے گا

رُخ غمِ زندگی کا اے راہیؔ!
صرف باتوں سے کیسے موڑے گا؟

عہد و پیماں کا۔ قسم کا۔ نہ اداکاری کا
میں ہوں قائل فقط اخلاص و رواداری کا

تبصرہ ہو کہ ہو تنقید یہ ملحوظ رہے
تم پہ الزام نہ آجائے دلآزاری کا

پہلے خود جادۂ ایثار و وفا پر چلیے
امتحاں لیجیے پھر میری وفاداری کا

یوں تو جینے کو سبھی جیتے ہیں دُنیا میں مگر
زندگی نام ہے احساس کی بیداری کا

ہم سخن فہم بھلا کیا کریں اُس محفل میں
جس میں ماحول ہو غالب کی طرفداری کا

اصطلاحاً جسے کہتے ہیں عبادت ہم لوگ
اصل میں نام ہے وہ حُسنِ طلبگاری کا

رہروی کا بھی نہیں جن میں سلیقہ راہیؔ!
ان کو بھی شوق ہے اب قافلہ سالاری کا

اظہارِ مُدّعا پہ یہ عالم حجاب کا
انداز دیکھیے ذرا اُن کے جواب کا

تاریخ کا جو موڑ دے رُخ اے مؤرّخو!
پیغام دے رہا ہوں میں اُس انقلاب کا

مجھ کو تری نگاہِ کرم پر ہے اعتماد
شیخِ حرم کو خوف ہے تیرے عتاب کا

دُنیا کی گردشوں نے کیا ہے مجھے سلام
آیا ہے جب بھی سامنے ساغر شراب کا

راہی! رہِ طلب میں خضر جیسے ساتھ ہوں
ہم کو ملا ہے آسرا اک ایسے خواب کا

پہلے خود اپنا جائزہ لینا
پھر کسی غم کا آسرا لینا

سَر کے بل چل کے آؤں گا۔ اے دوست!
جب ضرورت پڑے بُلا لینا

برہمن! آپ ہی کا حصّہ ہے
بُت سی شے کو خدا بنا لینا

جن کا کردار ہے نہ ایماں ہے
ایسے لوگوں سے ہم کو کیا لینا؟

جب تمھیں راستہ نہ مل پائے
اک نیا راستہ بنا لینا

نفس کے خود خدا بنو راہیؔ!
"نفس کو مت خدا بنا لینا"

شبِ فرقت یہی سوچا کیے وہ آ رہا ہوگا
وہاں تک آگیا ہوگا وہاں تک آگیا ہوگا

ابھی کیا ہے زمانے نے ابھی تو کروٹیں لی ہیں
نہ جانے جب زمانہ جاگ جائے گا تو کیا ہوگا؟

کوئی کہتا مگر وہ مجھ کو آوارہ نہیں کہتا
کسی نے کچھ کہا ہوگا تو اُس نے کہہ دیا ہوگا

ہمیں انجام سے تو کیوں ڈراتا ہے کہ۔ اے ناصح!
محبت میں فنا ہو جائیں گے ہم۔ اور کیا ہوگا؟

لبِ اظہار کھُلنے بھی نہ پائے تھے کہ وہ بولے
محبت بے غرض ہوتی ہے تم نے بھی سنا ہوگا

کوئی حائل ہوا ہے آج جس کی راہ میں راہیؔ!
کسی دن وہ کسی کی راہ میں حائل ہوا ہوگا

ہمارا ذکر چھڑا اور اُنھیں حجاب آیا
نگاہِ شوق کا آیا تو یہ جواب آیا

کچھ اِس ادا سے وہ آئے پیامِ نو لے کر
کہ جس طرف سے بھی گزرے اک انقلاب آیا

شبِ فراق کی مصروفیت۔ ارے توبہ!
کہ ایک خواب گیا اور ایک خواب آیا

دکھایا مجھ کو مری بے کسی نے آئینہ
تو پیار آج مجھے خود پہ بے حساب آیا

غمِ حیات نہ آیا نظر کہیں۔ راؔہی!
ہمارے سامنے جب ساغرِ شراب آیا

نیا رستہ بنانے سے سفر آسان بھی ہوگا
اور اس سے انقلابِ دہر کا اعلان بھی ہوگا

روایاتِ کہن بدلو تو اطمینان بھی ہوگا
اور آنے والی نسلوں پر یہ اک احسان بھی ہوگا

چمن والو! اگر طرزِ عمل اپنا نہ بدلو گے
چمن بدنام بھی ہوگا چمن ویران بھی ہوگا

خوشی سے تم مجھے برباد کر ڈالو مگر اس سے
تمھیں کچھ فائدہ ہوگا تو کچھ نقصان بھی ہوگا

اگر تنقیدِ بے جا بھی مرے شعروں پہ ہو راہی!
تو مجھ پر یہ ستم میرے لیے وردان بھی ہوگا

جب کشتیِ اُمید کو ملتا ہے کنارا
کرتا ہے تلاطم وہیں موجوں کو اشارا

تعظیم سے لاؤ اُسے میخانے میں رندو!
آیا ہے کوئی گردشِ ایام کا مارا

کیا کیا نہ دیئے گردشِ ایّام نے طعنے
جب ہم نے ترے گیسوئے پیچاں کو سنوارا

طغیانیِ جذبات میں اس کشتیِ دل کو
ادراک کی پتوار سے ملتا ہے کنارا

بیٹھا ہے سرِ راہ وہ کس سوچ میں راہیؔ!
حالات کا مارا ہے کہ احساس کا مارا؟

وہ رہِ حق پہ چل نہیں سکتا
جو عقیدہ بدل نہیں سکتا

اپنی فطرت بدل نہیں سکتا
شعلہ شبنم میں ڈھل نہیں سکتا

صرف تلقینِ ضبط سے ناصح!
مضطرب دل بہل نہیں سکتا

کیسے پہنچے گا اپنی منزل تک
وہ جو گر کر سنبھل نہیں سکتا

کیوں جلاتے ہو وہ دیا؟ راہیؔ!
جو ہواؤں میں جل نہیں سکتا

راہِ وفا سے کوئی بھی نا آشنا نہ تھا
میرے سوا کسی میں مگر حوصلا نہ تھا

ہر سمت کیوں ہے جنگ و جدل اُس کے نام پر
دُنیا کو یہ پیام تو اُس نے دیا نہ تھا

منزل پہ مجھ کو لایا ہے میرا شعورِ راہ
اُس راستے سے جو مرا دیکھا ہوا نہ تھا

اے کاش! میں خلافِ حقائق یہ مان لوں
جو کچھ بھی کربلا میں ہوا واقعا نہ تھا

راہیؔ! خدا پناہ! ترقی کے نام پر
جو کچھ بھی ہو رہا ہے وہ ابتک ہوا نہ تھا

ذکرِ سوزِ جگر سے کیا ہوگا
چشمِ تر لاکھ برسے کیا ہوگا

عمر کاٹی ہے ظلمتِ شب میں
اب چراغِ سحر سے کیا ہوگا

جب عقیدت ہو مصلحت آمیز
سجدۂ سنگِ در سے کیا ہوگا

شمعِ راہِ عمل کرو روشن
گفتگوئے سحر سے کیا ہوگا

دل میں جب تیرگی ہو اے راہیؔ!
مشعلِ رہگذر سے کیا ہوگا

کرم آمادہ ہو جب اُن کی نظر آپ سے آپ
حالِ دل کیوں نہ کہے دیدۂ تر آپ سے آپ

احتیاطوں کے تقاضوں کو سمجھتا ہوں مگر
کیا کیا جائے جو اُٹھ جائے نظر آپ سے آپ

لاکھ جذبات کی شدّت کو چھپائے کوئی
رنگ اُڑ جاتا ہے چہرے کا مگر آپ سے آپ

رُخ عبادت میں بھی ہوتا ہے غرض کا واعظ!
بے سبب تو نہیں جھکتا کبھی سر آپ سے آپ

روز ہو جاتا ہے منسوب مرے نام کے ساتھ
اک نہ اک قصہ بہ عنوانِ دگر آپ سے آپ

عشق کا ہوتا ہے آغاز وہیں اے راؔہی!
حُسن جب ہوتا ہے بیگانہ نظر آپ سے آپ

کیسے ماحول میں کب کس نے کہی تھی کیا بات
یہ سمجھ لو تو سمجھ جاؤ گے سارے حالات

عقل سے کام نہ لوگے تو کم و بیش تمہیں
لازمی طور پر گمراہ کریں گے جذبات

کیسے انداز سے سوچوں کہ سکوں مل جائے
میں اِسی سوچ میں رہتا ہوں پریشاں دن رات

کام آئیں گے وہی روزِ قیامت۔ اے شیخ!
خدمتِ خلق میں گزریں گے یہاں جو لمحات

غیر ممکن ہے کہ محدود رہیں۔ اے راہیؔ!
فکر کے دائرے میں دل کے سبھی احساسات

خضر کی شکل ہے کردار ہے رہزن کی طرح
شیخ میں بھی یہ دورنگی ہے برہمن کی طرح؟

کیا خبر وسعتِ دل ہے کہ نگاہوں کا فریب
مجھ کو زنداں نظر آتا ہے نشیمن کی طرح

آشیاں برق نے کتنے ہی جلائے لیکن
روشنی ہو نہ سکی میرے نشیمن کی طرح

میری جانب سے کوئی جاکے کہے موسیٰ سے
وادیاں اور بھی ہیں وادیِ ایمن کی طرح

کس کے دیدار کی طالب ہیں یہ پیاسی آنکھیں
کسی مجبور کے پھیلے ہوئے دامن کی طرح

وہ اسی راہ سے گزرے ہیں ابھی آ راہیؔ!
ذرّہ ذرّہ ہے چراغِ رُخِ روشن کی طرح

اپنے حالات میں ہو کیسے تغیّر کچھ اور
فکر کچھ اور ہے۔ اندازِ تدبّر کچھ اور

جب سے کاٹی ہے شبِ غم تری تصویر کے ساتھ
ہو گیا ہے مرا اندازِ تصوّر کچھ اور

آج کل فکر کا ہے اور رہی کچھ رنگِ جنوں
اور جنوں کا بھی ہے اندازِ تفکّر کچھ اور

نظمِ عالم میں تغیّر تو ہوا ہے لیکن
نظمِ عالم میں ضروری ہے تغیّر کچھ اور

ٹھوکریں کھا کے کہیں بیٹھ نہ جانا راہیؔ!
راہ کچھ اور ہے منزل کا تصوّر کچھ اور

شیخ باز آتے نہیں میخانے میں آئے بغیر
اور پھر جاتے نہیں تقریر فرمائے بغیر

وقت اور حالات جب ہوتے ہیں یارو ساز گار
مسئلے خود ہی سُلجھ جاتے ہیں سُلجھائے بغیر

ہنس رہی ہے اِس طرح افسردہ پھولوں پر کلی
شاخ پر جیسے یہ رہ جائے گی مُرجھائے بغیر

تیری یادوں نے مجھے وہ لوریاں دی ہیں کہ۔ دوست!
سو گیا ہوں میں شبِ فرقت میں نیند آئے بغیر

نکتہ چیں۔ راہیؔ! نہ مانیں گے ترے ہر شعر کو
اک نئے مفہوم کی پوشاک پہنائے بغیر

شیخ کو کیسے کریں ہم درگذر
کم نظر آتے ہیں ایسے کم نظر

سب پرستارِ بتاں ہیں۔ ہاں مگر
کچھ بظاھر کچھ بہ عنوانِ دگر

مشکلیں آئیں تو میرے ہم سفر
چل دیئے مجھ کو اکیلا چھوڑ کر

خاک سے پیدا ہوا ہے اِس لیے
خاکساری فرض ہے انسان پر

سنگِ مرمر پر لکھو نامِ وفا
قصّۂ جور و جفا کو خاک پر

صرف بیداری سے راؔہی فائدہ
جاگتے ہیں راہزن بھی رات بھر

چشمِ ساقی کا کرم دیکھیے میخانے پر
بجلیاں کوند رہی ہیں مرے پیمانے پر

بے خبر! دیکھ تو لے اپنے تغافل کا مآل
انگلیاں اٹھنے لگیں اب ترے دیوانے پر

ایک افسانے کے بن جائیں گے سو افسانے
آپ خاموش ہی رہیے مرے افسانے پر

ایک دن آکے ذرا دیکھ تو لو شیخِ حرم!
پھر نہ تنقید کروگے کبھی بُت خانے پر

موت سے کھیلنا آسان نہیں ہے۔ راہیؔ!
یہ ہنسی آپ کی اچھی نہیں پروانے پر

مجھے جو دیکھا تو بولا پکار کر پتھر
کہ آدمی سے زیادہ ہے معتبر پتھر

بتا دیا کہ کوئی فرق سنگ و گُل میں نہیں
کسی نے میری طرف پھینک پھینک کر پتھر

اجنتا اور الورا کے بانکپن کی قسم!
عظیم پیکرِ انساں۔ عظیم تر پتھر

صنم کدے کا وہ بُت ہو کہ سنگِ اَسود ہو
ہر ایک رُوپ میں پیارا ہے مجھ کو ہر پتھر

اکیلا شہر میں آئینۂ خلوص ہوں میں
مرے لیے ہی بنی ہے نظر نظر پتھر

سنبھل سنبھل کے چلو راہِ زیست میں راہیؔ!
کہ بے حساب پڑے ہیں اِدھر اُدھر پتھر

ساقی ہے، مے ہے اور ہے پیمانۂ تصوّر
کافی ہے مجھ کو میرا میخانۂ تصوّر

بھٹکی ہوئی ہے ساری دُنیا حقیقتوں سے
کس کو سُناؤں اپنا افسانۂ تصوّر

میں اُن کا خیرمقدم دل سے کروں گا لیکن
آراستہ تو کرلوں کاشانۂ تصوّر

حُسنِ خیال کی یہ رفعت تو دیکھ واعظ!
کعبہ مرے لیے ہے بُت خانۂ تصوّر

دو دن گزارنا بھی ممکن نہیں ہے۔ راہی!
ذہنِ بشر اگر ہو بے گانۂ تصوّر

جس کو کہتے ہیں رُوح کی پرواز
اک نئی زندگی کا ہے آغاز

آگہی کا یہ دیکھیے اعجاز
خود ہی بندہ ہوں خود ہی بندہ نواز

فطرتِ قلب ہے سکون پسند
اور تمنّا ہے وجہِ سوز و گداز

میرے مسلک میں سب برابر ہیں
کوئی محمُود ہے نہ کوئی ایاز

لاکھ دعویٰ کوئی کرے راہیؔ!
کون ہے آشنائے پردۂ راز؟

ساقی سے مُلاقات مجھے یاد ہے اب تک
میخانے کی وہ رات مجھے یاد ہے اب تک

ہر لمحہ یہی غم کہ کہیں صبح نہ ہو جائے
کیا رات تھی وہ رات۔ مجھے یاد ہے اب تک

پہرے تھے نگاہوں پہ زبانوں پہ تھے تالے
ایسے بھی تھے حالات۔ مجھے یاد ہے اب تک

مُضمر تھی جو اندازِ کنایات میں اک بات
صرف ایک وہی بات۔ مجھے یاد ہے اب تک

ہر سانس مُعطّر تھی فضا نغمہ سرا تھی
راہیؔ! وہ مُلاقات مجھے یاد ہے اب تک

یہ سارا ماحول دل شکن ہے۔ چلو یہاں سے نکل چلیں ہم
بڑی تپش ہے۔ بڑی گھٹن ہے۔ چلو یہاں سے نکل چلیں ہم

خلوصِ دل ہے نہ آگہی ہے۔ نہ زندگی ہے۔ نہ روشنی ہے
یہ پارساؤں کی انجمن ہے۔ چلو یہاں سے نکل چلیں ہم

ادیب و فن کار بِک رہے ہیں۔ وفا کا نیلام ہو رہا ہے
یہ کیسی توقیرِ علم و فن ہے۔ چلو یہاں سے نکل چلیں ہم

نہ غنچہ و گُل کی آبرو ہے۔ نہ تازگی ہے نہ رنگ و بو ہے
خزاں بہاروں پہ خندہ زن ہے۔ چلو یہاں سے نکل چلیں ہم

ہمارا دَم گھُٹ رہا ہے راہیؔ! تمھیں بھی شاید سکوں نہیں ہے
یہ زر پرستوں کی انجمن ہے۔ چلو یہاں سے نکل چلیں ہم

مشعلِ زندگی کی ضو ہیں ہم
عاملِ انقلابِ نو ہیں ہم

تھک کے بیٹھے ہیں راہ میں لیکن
زعم یہ ہے کہ پیش رَو ہیں ہم

دشمنانِ بہارِ نو ہُشیار!
پاسبانِ بہارِ نو ہیں ہم

سخت دُشوار ہے سفر لیکن
بڑھ رہے ہیں کہ راہرو ہیں ہم

لاکھ تنقید کیجیے راہیؔ!
شمعِ بزمِ ادب کی لو ہیں ہم

وہ تصور میں کبھی آتے ہیں تو آہستہ قدم
شمع یادوں کی جلا کرتی ہے مدھم مدھم

ہم نے آنکھوں سے لگائے ہیں ترے نقشِ قدم
اب ہمیں سجدہ کریں دیر و کلیسا و حرم

خیر مقدم کو چلی آئے گی خود ہی منزل
سایۂ عزمِ مصمم میں بڑھاؤ تو قدم

ہم سے پوشیدہ نہیں سنگ دلی کے انداز
ایک ہیں اپنے لیے تم ہو کہ پتھر کے صنم

ان نگاہوں سے ملا ہے ہمیں منزل کا پیام
دیکھ کر جن کو بہک جاتے ہیں اوروں کے قدم

رشک ہے اپنے ہی اشعار پہ مجھ کو۔ راہی!
یہ مرے بعد بھی دیکھیں گے ہمارا عالم

حالِ سوزِ غمِ دل کہہ کے پشیماں ہیں ہم
آپ سچ کہتے ہیں۔ نادان ہیں نادان ہیں ہم

کچھ پریشان تھے احساسِ غمِ دَوراں سے
اور کچھ اس دلِ ناداں سے پریشان ہیں ہم

دل میں نفرت ہے نظر تنگ خرد ہے مفلوج
اور پھر اس پہ یہ دعویٰ ہے کہ انسان ہیں ہم

چین سے ہم بھی بسر کرتے جہاں میں لیکن
اپنی خود دار طبیعت سے پریشان ہیں ہم

آج احساسِ وفا کی ہے یہ منزل راؔہی!
دوست کرتے ہیں جفا اور پشیمان ہیں ہم

غصے میں، برہمی میں، غضب میں، عتاب میں
خود آگئے ہیں وہ مرے خط کے جواب میں

جو مجھ کو مل سکا نہ کسی بھی کتاب میں
وہ رازِ زندگی نظر آیا حباب میں

آیا نہ کوئی بھی نگہِ انتخاب میں
لانا پڑا اُنھیں کو اُنھیں کے جواب میں

ساقی! بہ سموّدے آج نگاہِ کرم کے ساتھ
دُنیا کی گردشیں مرے جامِ شراب میں

راہی! ہمارے شعر ہیں آیاتِ آگہی
جو کچھ کہا ہے ہم نے ملے گا نصاب میں

اب تو اتنی بھی میسّر نہیں میخانے میں
جتنی ہم چھوڑ دیا کرتے تھے پیمانے میں

لوگ، ایسے بھی چلے آتے ہیں میخانے میں
زہر جو گھول دیا کرتے ہیں پیمانے میں

کفر و ایماں کا تعلق ہے یقیں سے ورنہ
کچھ نہ کعبے میں رکھا ہے نہ صنم خانے میں

دستِ قدرت کا کرشمہ ہے کہ ہر موسم میں
خود بخود پھول کھلا کرتے ہیں ویرانے میں

چشمِ مے بار کو دیکھا تو یہ محسوس ہوا
جیسے میخانہ سمٹ آیا ہو پیمانے میں

غور سے اس کو سنے گا تو تجھے اے راہیؔ!
اک حقیقت بھی ملے گی مرے افسانے میں

ضبطِ غم نے لب اظہار سے باتیں کی ہیں
دل نے جس دم نگہِ یار سے باتیں کی ہیں

تم نے اُٹھتے ہوئے محلوں کی طرف دیکھا ہے
ہم نے گرتی ہوئی دیوار سے باتیں کی ہیں

اپنی خاموش نگاہوں کی زباں سے اکثر
میں نے اُن کے لب و رُخسار سے باتیں کی ہیں

کیسے مانوں کہ اُسے مجھ سے کوئی شکوہ ہے
اُس نے تو مجھ سے بڑے پیار سے باتیں کی ہیں

ذوقِ منزل میں ہر اک گام پہ ہم نے۔ راہیؔ!
اپنی بڑھتی ہوئی رفتار سے باتیں کی ہیں

جنوں کے ناز اُٹھاؤں خرد کا کام کروں
غمِ حیات! بتا کس کا احترام کروں

اِس انتظار میں بیٹھا ہوں اُن کی محفل میں
کہ وہ نگاہ اُٹھائیں تو میں سلام کروں

سوال یہ ہے کہ اِس پُر فریب دُنیا میں
خدا کے نام پہ کس کس کا احترام کروں؟

شعورِ بادہ پرستی کا یہ تقاضہ ہے
کہ تلخیٔ غمِ ایّام غرقِ جام کروں

وہی نہیں ہے تو پھر گلستانِ ہستی میں
میں کیسے جشنِ بہاراں کا اہتمام کروں؟

وہ آئے اور چلے بھی گئے مگر راہیؔ!
میں سوچتا ہی رہا اُن سے کچھ کلام کروں

سُلجھا رہے ہیں جتنا اُتنے ہی بل پڑے ہیں
کچھ ایسی اُلجھنوں میں ہم آج کل پڑے ہیں

دوشیزۂ خرد کے ماتھے پہ بل پڑے ہیں
دیوانے آج شاید گھر سے نکل پڑے ہیں

اب جو بھی پیش آئے ہم تیرا نام لے کر
پھولوں کی آرزو میں کانٹوں پہ چل پڑے ہیں

ہم نے کسی کے غم کی یوں بھی حفاظتیں کیں
جب مُسکرائے ہیں ہم۔ آنسو نکل پڑے ہیں

وہ ناخدا کریں گے کشتی کو پار۔ راہی!
جن کے حواس گُم ہیں اور ہاتھ شل پڑے ہیں

تو نہیں ہے تو ترے نام سے باتیں کی ہیں
ہم نے یوں بھی دلِ ناکام سے باتیں کی ہیں

خیر کافر ہی سہی اپنے تخیّل میں مگر
میں نے پیغمبرِ اسلام سے باتیں کی ہیں

دل کے بہلانے کو اکثر شبِ تنہائی میں
میں نے گزرے ہوئے ایّام سے باتیں کی ہیں

ذوقِ شعری نے مرے سورؔ کبھی تُلسیؔ سے
اور کبھی حافظؔ و خیّامؔ سے باتیں کی ہیں

میری انصاف پسندی نے سُنی ہیں راہیؔ!
بے گناہی نے جو الزام سے باتیں کی ہیں

وہ اپنے ہاتھ سے ساغر نہ دیں شراب نہ دیں
نگاہ پھیر کے لیکن ہمیں جواب نہ دیں

غمِ جہاں کے حقائق ہمیں مٹا ڈالیں
تخیّلات اگر کچھ سُنہرے خواب نہ دیں

کسی سوال کا بس یہ جواب موزوں ہے
کہ ہم سوال تو سُن لیں مگر جواب نہ دیں

نظامِ خالقِ عالَم میں غیر ممکن ہے
کہ ہم حساب تو لے لیں مگر حساب نہ دیں

ہمارے بس کی نہیں ہے یہ بات۔ اے راؔہی!
کہ وہ سوال کریں اور ہم جواب نہ دیں

کھڑے ہیں تاک میں ہر سمت دشمنانِ وطن
وطن پہ آنچ نہ آئے۔ محافظانِ وطن!

یہ خوف ہے کہ کہیں مٹ نہ جائے شانِ وطن
تمھاری فرقہ پرستی سے۔ ساکنانِ وطن!

بہت قریب ہے منزل برادرانِ وطن!
ٹھہر نہ جائے کہیں تھک کے کاروانِ وطن

یہ توڑ پھوڑ۔ یہ آتش زنی۔ یہ ہنگامے
پھر اس پہ دعویِ تعمیرِ گلستانِ وطن؟

یہ کیسا رنگِ سیاست ہے، آج کل۔ راہیؔ!
کہ لڑ رہے ہیں خود آپس میں رہبرانِ وطن

وہ جو فطری ربط ہے انسان اور انسان میں
رُوح بن کر کارفرما ہے مرے ایمان میں

ہائے کس منزل پہ ہے اب کاروانِ جُستجو
ڈھونڈتا پھرتا ہوں میں انسانیت انساں میں

طنز فرمانے سے پہلے ڈوبنے والے کے پاس
آپ بھی اپنا سفینہ لائیے طوفان میں

مُسکراہٹ زیرِ لب غنچے سے گُل تک آ گئی
تو نے چُپکے سے صبا! کیا کہہ دیا ہے کان میں

ایک ایسی روشنی جو ذہن کو روشن کرے
جا بجا ملتی ہے اے راہیؔ! ترے دیوان میں

کچھ ایسے بھی احساس والے ہوئے ہیں
جو خود بے حسی کے حوالے ہوئے ہیں

جہاں حق بیانی پہ پابندیاں ہیں
ہم اُس انجمن سے نکالے ہوئے ہیں

بہ صد احتیاط آپ کی انجمن میں
ہمیں ہیں جو خود کو سنبھالے ہوئے ہیں

وہ کیا خاک بدلیں گے عُنوانِ ہستی
جو مخصوص سانچوں میں ڈھالے ہوئے ہیں

جو حائل ہیں راہِ ترقی میں۔ راؔہی!
وہ پتّھر ہمارے ہی ڈالے ہوئے ہیں

خونِ دل بے حساب دیتا ہوں
زیست کو آب و تاب دیتا ہوں

آپ مجھ سے سوال تو کیجے
دیکھیے کیا جواب دیتا ہوں

میں فسردہ نظامِ ہستی کو
مژدۂ انقلاب دیتا ہوں

خود ہی کرتا ہوں اپنے دل سے سوال
اور خود ہی جواب دیتا ہوں

میں تو اپنے خلاف بھی راہیؔ!
مشورہ کامیاب دیتا ہوں

ہر چند مری یاد وہ ٹلے ہوئے تو ہیں
کچھ کچھ رسا مگر مرے نالے ہوئے تو ہیں

آئی تو ہیں ہزار زمانے کی گردشیں
ہم ہیں کہ پھر بھی خود کو سنبھالے ہوئے تو ہیں

صہبائے آرزو کو بہ صد تلخیِ حیات
ہم ساغرِ اُمید میں ڈھالے ہوئے تو ہیں

تاریخ کہہ رہی ہے کہ ظلمت کی راہ میں
شمعِ خلوصِ دل سے اُجالے ہوئے تو ہیں

دیر و حرم کے درمیاں کچھ فاصلہ نہیں
کچھ اس طرح بھی سوچنے والے ہوئے تو ہیں

کچھ یہ بھی کم نہیں ہے کہ ہم سے وفاشعار
راہیؔ! اُس انجمن سے نکالے ہوئے تو ہیں

خیالات بدلیں روایات بدلیں
جو یہ چاہتے ہیں کہ حالات بدلیں

سوالات بدلے نہ بدلیں گے لیکن
ضروری ہے اُن کے جوابات بدلیں

نئی زندگی کا یہ ایما نہیں ہے
کہ ہم زندگی کی ہر اک بات بدلیں

ضرورت ہے اس کی کہ واعظ کم از کم
اشارات بدلیں کنایات بدلیں

اُٹھو۔ میکشو! رُت بدلنے لگی ہے
چلو ۔ اب نظامِ خرابات بدلیں

جو حالات بدلیں تو لازم ہے۔ راہیؔ!
کہ ہم خود کو بھی حسبِ حالات بدلیں

ہر گام پہ کانٹے ہیں اور پاؤں میں چھالے ہیں
لیکن ترے دیوانے کب ماننے والے ہیں

اِس دَورِ ترقّی کے انداز نرالے ہیں
ذہنوں میں اندھیرے ہیں سڑکوں پہ اُجالے ہیں

ہم کو کبھی سکوں ملتا واعظ تری باتوں سے
لیکن بڑی مشکل ہے ہم سوچنے والے ہیں

منجدھار میں ڈوبیں یا ساحل پہ پہنچ جائیں
اب جو بھی نتیجہ ہو موجوں کے حوالے ہیں

لائی ہے کہاں مجھ کو مجبوریِ دل راہیؔ!
پہرے ہیں نگاہوں پر اور ہونٹوں پہ تالے ہیں

جو اقتضائے رہِ ارتقا سمجھتے ہیں
وہ آنکھ مُوند کے چلنا بُرا سمجھتے ہیں

زمانہ شیخ و برہمن کا احترام کرے
ہم ان کو رہزنِ راہِ خدا سمجھتے ہیں

مرے جنوں سے خرد کو پیام ملتا ہے
مجھے ہی اہلِ خرد سرپھرا سمجھتے ہیں

ہمارے نام پہ یہ برہمی؟ خدا رکھے!
ہم اِس طرح بھی ترا مُدّعا سمجھتے ہیں

سمجھ سکیں گے نہ راؔہی! اصولِ آزادی
جو ہر اصول کو زنجیرِ پا سمجھتے ہیں

ہم نے جو وعدے کیے تھے وہ نبھائے کہ نہیں؟
ناز کیسے بھی سہی اُن کے اٹھائے کہ نہیں؟

خود تو بچ بچ کے چلے آئے ہو لیکن تم نے
راہ میں خار جو حائل تھے ہٹائے کہ نہیں؟

آپ ہنستے ہیں مرے حال پہ لیکن کہیے
اشک آنکھوں میں کبھی آپ کے آئے کہ نہیں؟

گیسوئے زیست سنور پائے نہ جن کے ہاتھوں
مسئلہ یہ ہے کہ دُنیا میں وہ آئے کہ نہیں؟

جن سے ذہنوں کے بھی مٹ جائیں اندھیرے راہیؔ!
کچھ چراغ آپ نے ایسے بھی جلائے کہ نہیں؟

جو ہر دم شکوۂ بے کیفیِ حالات کرتے ہیں
حقیقت میں وہ اپنی خامیوں کی بات کرتے ہیں

یہی ہے فرق ہم میں اور ارباب سیاست میں
کہ ہم حق بات کہتے ہیں وہ حق کی بات کرتے ہیں

نہایت تنگ دل فرقہ پرستوں کی یہ عادت ہے
کہ وہ ہر بات میں انسانیت کی بات کرتے ہیں

سیاست ایسی چھائی ہے مذاہب کے اداروں پر
کہ شیخ و برہمن بھی اب سیاسی بات کرتے ہیں

ہمیں تقلیدِ کورانہ سے کیا نسبت کہ اے واعظ!
ہماری رہبری افکار و احساسات کرتے ہیں

حقیقت سے ہم ان کی جیسے واقف ہی نہیں راہی!
کچھ ایسے طنز ہم پر قبلۂ حاجات کرتے ہیں

خود اُن کو اپنے ارادوں پہ اعتبار نہیں
جو کہہ رہے ہیں کہ حالات سازگار نہیں

مری حیات بہت مختصر سہی لیکن
مشاہدات کا میرے کوئی شمار نہیں

جُھکا دیا ہے درِ یار پر سرِ تسلیم
اب اِس کے بعد مجھے کوئی اختیار نہیں

مری وفاؤں کا اور آپ کی جفاؤں کا
کوئی حساب نہیں ہے کوئی شمار نہیں

اسی لیے ہے مرا یہ مقام۔ اے راہیؔ!
کہ شاعری مرا مسلک ہے روزگار نہیں

نہ منزل ہے نہ منزل کے نشاں ہیں
ہمارے حوصلے لیکن جواں ہیں

حقیقت میں فقط وہم و گماں ہیں
جو شیخ و برہمن کے درمیاں ہیں

ہم اس منزل پہ ہوتے اب جہاں ہیں؟
مگر کیا کیجئے۔ مجبوریاں ہیں

بچا ہے جو بھی۔اِن کی نذر کردو
وہ رہزن تھا۔ یہ میرِ کارواں ہیں!

ہمیں یہ جائزہ لینا ہے۔ راؔہی!
کہاں سے ہم چلے تھے۔اب کہاں ہیں؟

شعورِ فکر اگر جُزوِ زندگی ہو جائے
بشر کو رازِ مشیّت سے آگہی ہو جائے

یہی ہے مقصدِ میخانہ حضرتِ واعظ!
کہ آدمی کسی عُنوان آدمی ہو جائے

جو آپ چاہیں مری ظلمتِ شبِ غم میں
چراغ بھی نہ جلے اور روشنی ہو جائے

خدا کرے کہ ذرا شیخ اور برہمن کو
حیاتِ نو کے تقاضوں سے آگہی ہو جائے

وہ ایک بار بھی بھٹکے ہوئے مسافر کو
نگاہِ لُطف سے دیکھیں تو رہبری ہو جائے

رہِ وفا میں وہاں آ گیا ہوں اب۔ راہیؔ!
اگر خطا بھی کروں میں تو بندگی ہو جائے

سوچتا ہوں کھری کھری کہہ دوں
یا اندھیرے کو روشنی کہہ دوں؟

آپ مجھ کو اگر اجازت دیں
آپ کو اپنی زندگی کہہ دوں

شیخ سے ضد نہ برہمن سے بَیر
آدمی ہو تو آدمی کہہ دوں!

یہ تو ممکن ہے چُپ رہوں لیکن
جہل کو کیسے آگہی کہہ دوں؟

زندگی سے جو دُور ہو راہیؔ!
اُس کو کس طرح شاعری کہہ دوں؟

سر بہ سر ڈوب کے احساس کی گہرائی میں
جانے کیا سوچتا رہتا ہوں میں تنہائی میں

ڈھونڈتا ہوں میں اُسی کو جو یہیں ہے موجود
غالبًا کوئی کمی ہے مری بینائی میں

نغمگی جنبشِ لب میں ہے مقیّد اے دوست!
اور رقصاں ہے قیامت تری انگڑائی میں

میری آنکھوں سے برستی رہی ساون کی گھٹا
دل کا ہر زخم مہکتا رہا پُروائی میں

جو بھی کہنا ہے تجھے صاف ہی کہہ دے واعظ!
وقت برباد نہ کر حاشیہ آرائی میں

سچ ہے راؔہی! کہ بہت دُور ہے منزل لیکن
شک نہ کر میرے اِرادوں کی توانائی میں

گیسوئے یار جب مچلتے ہیں
سحر و شام رُخ بَدلتے ہیں

ہر ستم ہے مرے لیے مخصوص
لوگ اِس بات پر بھی جلتے ہیں

جیسے جیسے شعور بڑھتا ہے
فکر کے زاویے بَدلتے ہیں

تیرے وعدے حسیں سہی لیکن
ہم کھِلونوں سے کب بہلتے ہیں؟

لوگ اپنے اصول بھی اکثر
پیرہن کی طرح بَدلتے ہیں

ایسے بھی لوگ ہیں جو۔ اے راؔہی!
دُودھ پیتے ہیں زہر اُگلتے ہیں

خزاں کے دَور میں بھی شادماں ہوں
بہارو! میں تمھارا رازداں ہوں

یہ سب موقع محل پر منحصر ہے
کبھی گُل ہوں کبھی سنگِ گراں ہوں

بہاریں چومتی ہیں جس کا دامن
میں تُو وہ پَروردۂ دَورِ خزاں ہوں

مری مجبُوریوں پر ہنسنے والو!
تمھیں معلوم بھی ہے میں کہاں ہوں؟

سلیقہ رہروی کا بھی نہیں ہے
گمُاں یہ ہے کہ میرِ کارواں ہوں

یہ عالم جوشِ وحشت کا ہے۔ راہیؔ!
وہاں کوئی نہیں ہے میں جہاں ہوں

اک نئی راہ کی تعمیر کیا کرتے ہیں
راستہ چھوڑ کے جو لوگ چلا کرتے ہیں

روز و شب حمد و ثنا اور عمل کچھ بھی نہیں
مصلحت پیشہ خدا سے بھی دغا کرتے ہیں

یہ الگ بات ہے پینے کا سلیقہ کیا ہو
رِند جس حال میں ہوتے ہیں پیا کرتے ہیں

غمِ ماضی کو بھلا کر غمِ فردا کیجیے
انقلابات یہ پیغام دیا کرتے ہیں

حُسنِ تدبیر نہ تعمیر کی جرأت۔ راہیؔ
لوگ تقدیر کو الزام دیا کرتے ہیں

ہم تری راہِ تجسّس میں جہاں ٹھہرے ہیں
بہرِ تعظیم وہیں کون و مکاں ٹھہرے ہیں

ہم نے دیکھا ہے فرشتوں نے کیے ہیں سجدے
آدمیّت کے سزاوار جہاں ٹھہرے ہیں

ہم خزاں کو بھی سکھاتے ہیں بہاروں کا چلن
ہم نے ویرانے سجائے ہیں جہاں ٹھہرے ہیں

عظمتِ دیر و حرم ہم کو ہے تسلیم مگر
کچھ سمجھ کر ہی سرِ کوئے بتاں ٹھہرے ہیں

جھک گئی اُن کی نظر دیکھ کے ہم کو راہیؔ!
ہم بھی منجملۂ صاحب نظراں ٹھہرے ہیں

راہِ ظلمت میں جلا کر جو دیئے جاتے ہیں
اُن کے قدموں کے نشاں چوم لیے جاتے ہیں

ایک تو ہے کہ نظر بھی نہیں آتا ہم کو
ایک ہم ہیں کہ ترا نام لیے جاتے ہیں

محفلِ سنگ دلاں سے ذرا بچ کر کہ وہاں
دل بھی شیشوں کی طرح توڑ دیئے جاتے ہیں

یہ بھی تو ایک عبادت ہے کہ تیرے بندے
ایسی دُنیا میں بہر حال جیے جاتے ہیں

بات جب ہے کہ قفس توڑ کے نکلو ورنہ
اک نہ اک دن تو سبھی چھوڑ دیئے جاتے ہیں

مرحلے ایسے بھی کچھ آتے ہیں جب۔ اے راہیؔ!
زہر کے گھونٹ بھی ہنس ہنس کے پیئے جاتے ہیں

شمس کہتا ہوں کبھی اُن کو قمر کہتا ہوں
کیا غلط کہتا ہوں ایسا میں اگر کہتا ہوں

جو بھی حق ہے اُسے بے خوف خطر کہتا ہوں
مصلحت کہتی ہے 'خاموش'، مگر کہتا ہوں

حالِ دل پوچھنے والے! ابھی جلدی کیا ہے
دل ٹھہر جائے۔ ذرا دیر ٹھہر۔ کہتا ہوں

کیا قیامت ہے کہ اپنا ہی فسانہ اُن سے
جب میں کہتا ہوں بہ عنوانِ دِگر کہتا ہوں

پیش قدمی کی جو یہ داد ملی ہے۔ راہیؔ!
میں اسے معجزۂ عزمِ سفر کہتا ہوں

وہ نہ باطن میں ہے نہ ظاہر میں
بٹ گیا جو کئی عناصر میں

اُن سے کرنے دے گفتگو اے دل!
تجھ سے باتیں کریں گے آخر میں

ظلم کرنے سے باز آنا کبھی
اک عنایت ہے دورِ حاضر میں

ڈھونڈتے ہو کہاں خدا کی پناہ
وہ نہ مسجد میں ہے نہ مَندِر میں

قوّتِ بے پناہ دیکھی ہے
ہم نے خود ایک جسمِ لاغر میں

موت کی پردہ داریاں دیکھو
زندگی کے حسیں مناظر میں

ہم تو مرتے ہیں اُس پہ۔ اے راہیؔ!
حُسن جو ہے کلامِ شاعر میں

پتھّروں سے سوال کرتے ہو؟
بُت پرستو! کمال کرتے ہو

اُس کی قسمت پہ رشک آتا ہے
تم جسے پائمال کرتے ہو

پہروں آئینہ دیکھنے والو!
دل کی بھی دیکھ بھال کرتے ہو؟

خود لُٹاتے ہو دولتِ احساس
خود ہی فکرِ مآل کرتے ہو؟

بات جو حق ہے وہ کہو۔ واعظ!
کیوں کسی کا خیال کرتے ہو؟

کس قدر سادگی سے تم۔ راہیؔ!
شرحِ حُسن و جمال کرتے ہو

نظامِ میکدہ بدلو۔ نہ طرزِ میکشی بدلو
بدلنا ہے تو اے رِندو! مزاجِ تشنگی بدلو

نہ یہ دیر و حرم بدلو۔ نہ رسمِ بندگی بدلو
ضروری ہے کہ دِل بدلو، شعورِ آگہی بدلو

نظر کی وسعتوں کو تنگ کرتی ہیں جو دیواریں
انھیں مسمار کر دو اور نظامِ زندگی بدلو

زمانے کو بدلنا ہے تو راہی! عزم و جرأت سے
رواج و رسم بدلو۔ فکر کا انداز بھی بدلو

کون کس سے بھلا مخاطب ہو
دل سے جب دلربا مخاطب ہو

یہ بھی کیا بندگی ہے اے زاہد!
جیسے کوئی گدا مخاطب ہو

سُن رہا ہوں ضمیر کی آواز
جیسے مجھ سے خدا مخاطب ہو

دل کی مانوں کہ دل کو سمجھاؤں
جب وہ کافر ادا مخاطب ہو

میکشو! احتیاط لازم ہے
تم سے جب پارسا مخاطب ہو

بات کر احتیاط سے راہیؔ!
جب کوئی رہنما مخاطب ہو

تم نے مظلوم کی آہوں میں اثر دیکھا ہو
ہم تو کھاتے ہیں قسم ہم نے اگر دیکھا ہو

ہم کو تو یاد نہیں آتا کبھی۔ اے واعظ!
تیری محفل میں کوئی اہلِ نظر دیکھا ہو

ہاتھ گل جائیں جو کچھ بھی نہ دیا ہو میں نے
کسی بے کس اگر دست نگر دیکھا ہو

جس سے ورثے میں ملا ہے ہمیں پیغام حیات
ایسا لگتا ہے کہ ہم نے وہ بشر دیکھا ہو

عزم محکم نے دیا ہے وہ سہارا۔ راہی!
خضر کو جیسے سرِ راہ گزر دیکھا ہو

کوئی انساں جب پریشاں ہو
پھر گلستاں ہو یا بیاباں ہو

وہ سنواریں گے گیسوئے گیتی
مصلحت جن کا عین ایماں ہو؟

جانتے ہیں وہ رازِ دل لیکن
پوچھتے ہیں کہ کیوں پریشاں ہو

ہم تو انسانیت پہ مرتے ہیں
کوئی ہندو ہو یا مُسلماں ہو

آج اپنے کیے پہ تم - راؔہی!
کیوں پریشاں ہو کیوں ہراساں ہو؟

بندگی جب ہمارا مقصد ہو
پھر صنم ہو کہ سنگِ اسود ہو

کیا ستم ہے کہ آدمی بد ہو
اور نامِ خدا زباں زد ہو

کیوں کسی بھی کتاب میں۔ اے شیخ!
فکر ضم ہو۔ نظر مُقیّد ہو

مجھ کو اکثر خیال آتا ہے
اُن کو میرا خیال شاید ہو

کیوں نہ اچھا کلام ہو۔ راہیؔ!
جب تخیّل کے ساتھ آمد ہو

وہ جو خوش ہو رہے ہیں ہونے دو
مجھ کو مجبوریوں پہ رونے دو

کل بڑی دیر تک میں جاگا تھا
اور کچھ دیر مجھ کو سونے دو

مجھ کو طوفانِ غم میں اشکوں سے
کچھ سہارا ملے گا۔ رونے دو

شیخ! یہ مے کشوں کی محفل ہے
جو بھی کچھ ہو رہا ہے ہونے دو

رُونے والو! تمھیں خدا رکھے
مجھ کو نیند آ رہی ہے سونے دو

بات کہہ دیں گے دل کی وہ، راہیؔ!
اور کچھ دیر بات ہونے دو

گلستاں کی نئی تعمیر تو ہو
مگر اس کی کوئی تدبیر تو ہو

قیامِ امن مستحکم ہو لیکن
تلاشِ امن عالم گیر تو ہو

بدل سکتا ہے نظمِ دہر لیکن
جنوں کے پاؤں میں زنجیر تو ہو

مجھے پھولوں سے کچھ شکوہ نہیں ہے
چمن میں کوئی دامن گیر تو ہو

اندھیرے بھی ہمیں راس آئیں راہیؔ!
مگر کچھ صورتِ تنویر تو ہو

دل میں تیری آرزو ہو لب پہ تیرا نام ہو
آدمی پھر کیوں اسیرِ گردشِ ایام ہو؟

ہم نے بڑھ کر راہِ اُلفت میں اٹھائے ہیں قدم
جو بھی مشکل پیش آئے جو بھی اب انجام ہو

وقت کیوں مخصوص ہو اُس کی عبادت کے لیے
جب بھی اُس کی یاد آئے صبح ہو یا شام ہو

جو حریفِ گردشِ دوراں ہو اُس کے واسطے
یہ ضروری ہے کہ وہ بے گانۂ انجام ہو

تُجھ کو راہیؔ حوصلے سے کام لینا چاہیے
کیا ضروری ہے کہ ہر کوشش تری ناکام ہو

نہ کہو حُسنِ ماسوا نہ کہو
بُت تو بُت ہے۔ اُسے خدا نہ کہو

شرم آتی ہے اِس تخاطُب پر
مجھ کو ﷲ پارسا نہ کہو

حق کا پیغام کوئی دے۔ اُس کو
جادۂ حق کی انتہا نہ کہو

اُس کو سمجھو حدیثِ بے الفاظ
برہمن! بُت کو دیوتا نہ کہو

خدمتِ خلق میرا مسلک ہے
مجھ کو بے گانۂ خدا نہ کہو

جی میں جو آئے وہ کہو۔ راہیؔ!
ہاں مگر وقت کو بُرا نہ کہو

کس کی ہے ذات سزا وارِ اَنا اِلّا اللہ
کون ہے بالاتر از کارِ خطا اِلّا اللہ

یہ تو اظہارِ محبّت کی ادا تھی ورنہ
چشمِ منصور میں کوئی بھی نہ تھا اِلّا اللہ

اصطلاحاً میں کہوں کچھ بھی بُتوں کو لیکن
کوئی محبُوب نہ معبُود مرا اِلّا اللہ

چشمِ بینا کی ضرورت ہے وگرنہ۔ اے شیخ!
کون بُت خانے میں ہے جلوہ نما اِلّا اللہ

سر جھکا ہے نہ جُھکے گا کسی عنواں راؔہی!
کسی ہستی کے مقابل بخُدا اِلّا اللہ

بندشیں جب حق بیانی پر لگا دی جائیں گی
شہر میں ہر سمت افواہیں اُڑا دی جائیں گی

جادۂ فکر و نظر مسدود کرنے کے لیے
جو بھی دیواریں کھڑی ہوں گی وہ ڈھا دی جائیں گی

کس نے سوچا تھا حیاتِ نو کا دے دے کر فریب
زندگی کی بے بہا قدریں مٹا دی جائیں گی

کیا پتا تھا ایک دن ہم پر یہ جھوٹی تہمتیں
اس قدر دیدہ دلیری سے لگا دی جائیں گی

یہ نہ سوچا تھا کہ راہیؔ! اِس سیاسی دور میں
مشعلیں اب تک جو روشن تھیں بُجھا دی جائیں گی

جو تیرے ساتھ تری بزم میں گزارا ہے
وہ لمحہ لمحہ مری زیست کا سہارا ہے

وقارِ خونِ شہیدانِ کربلا کی قسم!
یزید مورچہ جیتا ہے۔ جنگ ہارا ہے

تجھے ہی ہم نے پکارا ہے ہر نفس۔ اے دوست!
یہ اور بات ہے کس نام سے پکارا ہے؟

نشاطِ دل کے لیے جب بھی کوششیں کی ہیں
کسی کی یاد نے احساسِ غم اُبھارا ہے

ہم آج تک نہ سمجھ پائے ہیں کہ دُنیا میں
وہ کون ہے جسے ہم کہہ سکیں ہمارا ہے؟

جو بات حق ہے وہی کہہ رہا ہوں اے راہیؔ!
مگر یہ بات زمانے کو کب گوارا ہے؟

منہ پھیر تو لیتے رُخِ قاتل کی طرف سے
افسوس۔ اجازت نہ ملی دل کی طرف سے

پہلے رُخِ آئینۂ محفل تو بدل دو
پھر بیٹھنا منہ پھیر کے محفل کی طرف سے

اُمید سے ساحل کی طرف دیکھنے والے!
آجائے نہ طوفاں کہیں ساحل کی طرف سے

یا آگئی کچھ عقل کہ دیوانہ ہے خاموش
یا کوئی پیام آیا ہے محمل کی طرف سے

اُفتادگہِ منزل کی مدد کے لیے۔ راہیؔ!
ہم کیوں نہ نظر پھیر لیں منزل کی طرف سے؟

جانے کہاں سے آ گئی خوشبو گلاب کی
میں بات کر رہا تھا کسی کے شباب کی

کچھ دُور ہٹ کے کیجیے ناصح! نصیحتیں
بو آ رہی ہے آپ کے منہ سے شراب کی

جب سے کہا ہے میں نے انھیں جانِ آرزو
سب داد دے رہے ہیں مرے انتخاب کی

ماضی کا خواب دیکھنے والے بھی آج کل
باتیں بنا رہے ہیں نئے انقلاب کی

راہیؔ! شعورِ دیدہ وری کی قسم! مجھے
رکھنی پڑی ہے آبرو اُن کے حجاب کی

مجھے غم ہے پشیمانی نہیں ہے
کہ دُنیا مجھ کو پہچانی نہیں ہے

حفاظت کر رہا ہوں اپنے غم کی
یہ میری خندہ پیشانی نہیں ہے

ہمیں تاریخ کا رُخ موڑنا ہے
ہمیں تاریخ دُہرانی نہیں ہے

ہر اک انسان کو اپنا سمجھنا
مری فطرت ہے نادانی نہیں ہے

مرے اشعار با مقصد ہیں لیکن
مرا مقصد غزل خوانی نہیں ہے

ازل کے مصرعِ اوّل کا راؔہی!
ابھی تک مصرعِ ثانی نہیں ہے

ایماں کو جس نے بیچ کے قیمت وصول کی
وہ بھی تو دے رہا ہے دُہائی رسولؐ کی

واعظ سے ہم نے بحث کی لیکن فضول کی
اُس نے غرض کی بات کی ہم نے اصول کی

مردم شناس ہوں تو مگر اس کے باوجود
اک آدمی کو میں نے سمجھنے میں بھول کی

پوچھو نہ مجھ سے حالِ کتب خانۂ حیات
پرتیں جمی ہوئی ہیں کتابوں پہ دُھول کی

شاعر ہوں جانتا ہوں میں راہیؔ! اِسی لیے
الہام کی بساط حقیقت نزول کی

ادراک کا یہ مشورہ ہم کو قبول ہے
انسان کا ضمیر خدا کا رسول ہے

دل میں اگر نہیں ہے تو اے شیخ و برہمن!
یہ زحمتِ نماز۔ یہ پوجا فضول ہے

ایسا نہ ہو کہ اُس گُلِ رعنا کو دیکھ کر
کوئی یہ کہہ سکے کہ وہ کاغذ کا پھول ہے

جو اقتضائے وقت کی تکمیل کر سکے
ایسا ہر اک اصول ہمارا اصول ہے

راہیؔ! ہوا ہے جب سے نزولِ پیامِ دوست
میرا کلام مظہرِ شانِ نزول ہے

ٹھیک ہے واعظ! تمھیں شُعلہ فشانی چاہیے
لیکن اس کے ساتھ کچھ تو حق بیانی چاہیے

عام انساں کب کیا کرتا ہے حق کی جُستجو
صرف کہنے کو کتابِ آسمانی چاہیے

بتکدے سے کیوں تجھے پرہیز ہے۔ شیخِ حرم؟
دل کے بہلانے کو کچھ اس کی نشانی چاہیے

اک زمانہ تھا کہ جب اخلاص لازم تھا مگر
اب سیاست کے لیے ریشہ دوانی چاہیے

حق بیانی ایک ایسا فن ہے جس کے واسطے
وید اور قُرآن شاہد ہیں۔ کہانی چاہیے

اصل میں۔ راؔہی! سکونِ زندگی کے واسطے
بے نیازانہ ادائے زندگانی چاہیے

وہ بے وفا ہے وہ مغرور ہے وہ قاتل ہے
مگر خدا کی قسم! دیکھنے کے قابل ہے

رہِ طلب میں خدا جانے میں کہاں ہوتا
مرا خلوص مگر ہر قدم پہ حائل ہے

جو واقعہ کرے تلقینِ ارتکابِ گناہ
مری نگاہ میں وہ حق نہیں ہے باطل ہے

حقوق کے لیے بیدار ہے ہر اک انساں
مگر جو اس کے فرائض ہیں ان سے غافل ہے

یہ بحث۔ راہیؔ! کہ سالارِ قافلہ ہے کون
بتا رہی ہے بہت ہی قریب منزل ہے

مانا غمِ حیات بہت بے حساب ہے
لیکن ترے کرم کا بھی کوئی جواب ہے؟

کیوں اتنے مطمئن ہیں اندھیرے کے مدّعی؟
دوشیزۂ سحر تو ابھی محوِ خواب ہے

تم نے وفا کی راہ میں رکھّا تو ہے قدم
یہ بھی خیال ہے کہ زمانہ خراب ہے

قاصد سے خط لیا۔ پڑھا اور پھاڑ کر کہا
کہہ دیجیو کہ بس۔ یہی میرا جواب ہے

میری غزل پہ لاکھ کوئی کچھ کہے مگر
وہ گنگنا اُٹھیں تو غزل کامیاب ہے

راہیؔ! ہر ایک اہلِ بصیرت کی رائے میں
تیرا ہر ایک شعر مکمّل کتاب ہے

جن کی نظروں میں ہے حُسنِ کائناتِ زندگی
وہ سمجھتے ہیں رموزِ نفسیاتِ زندگی

یاد جن کی بن گئی ہے کائناتِ زندگی
آئے ہیں ایسے بھی اکثر حادثاتِ زندگی

شیخ! پہلے آپ اپنا تجزیہ تو کیجیے
پھر ہمیں سمجھائیے اخلاقیاتِ زندگی

مجھ کو ہے ناز اپنے پروازِ تخیّل پہ مگر
شاملِ فکر و نظر ہیں واقعاتِ زندگی

سبزہ و گُل - جام و مینا مستیِ ابرِ بہار
زندگی کی شان ہیں یہ کیفیاتِ زندگی

لائقِ صد رشک ہے راہیؔ! کسی کے عشق میں
لُٹ گئی ہو جس کی ساری کائناتِ زندگی

ازل سے تا ابد میرا سفر ہے
مگر یہ زندگی تو مختصر ہے

جو رُودادِ رہِ فکر و نظر ہے
کتابوں سے زیادہ مُعتبر ہے

عمل کی زندگی سے بے تعلق
عبادت کچھ نہیں اک دردِ سر ہے

بصیرت ہو تو راہِ زندگی کا
ہر اک ذرّہ چراغِ رہگزر ہے

کسی کے غم میں میرا دل بظاہر
پریشاں ہے نہ غمگیں ہے مگر ہے

سبھی کرتے ہیں مجھ پر طنز راہیؔ!
مرے حالات پر کس کی نظر ہے؟

یہ منزلت تو دیکھ کہ خود اپنے نام سے
آواز دے رہا ہوں تجھے کس مقام سے

کچھ بھی نہیں ہے مصلحتِ وقت کے سوا
میرے لبوں کا فاصلہ ساقی کے جام سے

کیا کیا فریب کھائے ہیں پھر بھی کسی طرح
نفرت نہ ہو سکی ہے محبّت کے نام سے

اب ڈھونڈتی پھرے گی مجھے گردشِ حیات
آیا ہوں میکدے میں بڑے اہتمام سے

سرقہ ہے مجھے قبول کہ اپنے کلام میں
راہیؔ! لیا ہے کام اُسی کے پیام سے

ہر اک رشتے کو توڑا جا رہا ہے
یہ کیا انساں کو ہوتا جا رہا ہے؟

تو وہ شے ہے کہ لاکھوں زاویوں سے
ترے بارے میں سوچا جا رہا ہے

مُسلسل حق بیانی کر رہا ہوں
مُسلسل مجھ کو روکا جا رہا ہے

خدا رکھّے کہ رازِ دل کو میرے
نگاہوں سے ٹٹولا جا رہا ہے

مآلِ کار جو کچھ بھی ہو لیکن
ترا دامن نہ چھوڑا جا رہا ہے

خوشا راہیؔ! تری بربادیوں کا
اُنھیں احساس ہوتا جا رہا ہے

یہ جاننے کے علاوہ کہ جام میں کیا ہے
نگاہِ جُستجوئے تشنہ کام میں کیا ہے؟

وہ اپنے بارے میں اپنی زباں سے کچھ بھی کہیں
سوال یہ ہے کہ چرچا عوام میں کیا ہے؟

کسی بھی نام سے اُس کو پُکار لے کوئی
ہر ایک نام اُسی کا ہے نام میں کیا ہے؟

جو درس دے ہمیں تقلیدِ کور بینی کا
بجز فریب بھلا اُس پیام میں کیا ہے؟

نہ جامِ جم سے غرض ہے نہ ساغرِ گل سے
ہمیں تو دیکھنا یہ ہے کہ جام میں کیا ہے؟

ہزار طنز کریں حاسدانِ فن۔ راؔہی!
میں جانتا ہوں کہ میرے کلام میں کیا ہے؟

مجھ خوگرِ بیداد پہ بیداد کروگے؟
مجھ کو تو نہیں وقت کو برباد کروگے

مجھ کو نظر انداز کرو شوق سے لیکن
جب میں نہ رہوں گا تو بہت یاد کروگے

یاد آئیں گی رہ رہ کے تمھیں اپنی جفائیں
جب رحم و کرم کے لیے فریاد کروگے

ویرانۂ دل آج بھی ویرانۂ دل ہے
شاید تمھیں آکر اسے آباد کروگے

یہ عہد تمھیں کرنا ہے راہیؔ! کہ بُرا وقت
دُشمن پہ بھی پڑ جائے تو امداد کروگے

وہ ایک شب جو سرِ کوئے یار گزری ہے
ترے کرم سے ہی پروردگار گزری ہے

ابھی سے چھیڑ دیا قصۂ غمِ ہجراں
ابھی تو گردشِ لیل و نہار گزری ہے

دیا ہے مشورہ اُن کو خلوص سے جس نے
اُسی کی بات اُنھیں ناگوار گزری ہے

یہ کیا مذاق ہے صحنِ چمن سے بچ بچ کر
بہار گزری ہے اور بار بار گزری ہے

کسی نے ہنس کے جو دیوانہ کہہ دیا مجھ کو
یہ بات مجھ پہ نہیں اُن پہ بار گزری ہے

مرے جنوں کا کرشمہ تو دیکھیے راہیؔ!
خرد بھی پاس سے دیوانہ وار گزری ہے

کہہ تو سکتا ہوں مُدّعا کیا ہے؟
سوچتا ہوں کہ فائدا کیا ہے؟

سب خدا کی دُہائی دیتے ہیں
اور نہیں جانتے خدا کیا ہے؟

سوچتا ہوں کہ کوئی دیوانہ
سوچتا ہے تو سوچتا کیا ہے؟

کس کا جلوہ ہے ذرّے ذرّے میں؟
یہ ستاروں کا سلسلا کیا ہے؟

تیری باتوں کو سُن کے اے واعظ!
سوچتا ہوں تجھے ہُوا کیا ہے؟

اور کیا دوں ثبوتِ حق ۔ راؔہی!
دل دھڑکنے کی یہ صدا کیا ہے؟

راہزن کو رہنما کہنے لگے
مصلحت بیں جانے کیا کہنے لگے

آپ نے سوچا نہ کچھ تحقیق کی
دُوسروں سے جو سُنا کہنے لگے؟

اے شعورِ ضبطِ اُلفت! کیا کروں؟
جب خموشی مُدّعا کہنے لگے

جس طرف سے بھی گزر کر ہم گئے
لوگ اُس کو راستا کہنے لگے

کیا خبر، احساس کا مارا ہوا
جب زباں کُھل جائے کیا کہنے لگے

رہ گئے پیچھے تو راہیؔ سُست رَو
تیز گامی کو بُرا کہنے لگے

سوچ کر بھی جو بشر وہم و گماں تک پہنچے
کچھ نہ سوچے تو خدا جانے کہاں تک پہنچے؟

نظمِ فرسودہ کی بُنیاد ہلانے کے لیے
ہم نے آواز اُٹھائی ہے جہاں تک پہنچے

لوگ کرتے ہی رہے بحث کدھر جائیں؟ مگر
ہم اُٹھے اور ترے قدموں کے نشاں تک پہنچے

نظمِ میخانہ بدلنے کا اِرادہ؟ رِندو!
اور یہ بات اگر پیرِ مغاں تک پہنچے؟

میں نے خط لکھ تو دیا ہے اُنھیں عجلت میں مگر
اب دُعا مانگ رہا ہوں نہ وہاں تک پہنچے

جس کا آغاز ہی فریاد و فغاں ہو۔ راؔہی!
اُس کا انجام نہ معلوم کہاں تک پہنچے؟

اگر اے ناخدا طوفاں سے لڑنے کا دم خم ہے
اِدھر کشتی کو مت لانا یہاں پانی بہت کم ہے

خدا رکھے۔ مری افسردگی کا اب یہ عالم ہے
کہ میں ہنستا ہوں خود پر اور وہ بادیدۂ نم ہے

اگر موجیں ڈبو دیتیں تو کچھ تسکین ہو جاتی
کناروں نے ڈبویا ہے مجھے اس بات کا غم ہے

زمانے کے لیے حق گوئی کی ضد ہے مجھے لیکن
اسی باعث زمانہ آج مجھ سے سخت برہم ہے

تمہاری پیش قدمی اک حقیقت ہے مگر راہیؔ!
ذرا کچھ تیز منزل دور ہے رفتار مدھم ہے

آج تو حد سے گزر جانے کو جی چاہتا ہے
زندگی کے لیے مر جانے کو جی چاہتا ہے

جس سکوں کے لیے نکلے تھے ہم اک دن گھر سے
اب اُسی کے لیے گھر جانے کو جی چاہتا ہے

کتنے رنگین نظاروں نے بُلایا ہے مگر
جس طرف وہ ہیں اُدھر جانے کو جی چاہتا ہے

نگہِ شوق لیے شہرِ نگاراں کی طرف
عقل روکے ہے مگر جانے کو جی چاہتا ہے

محفلِ ناز۔ حرم۔ دیر و کلیسا۔ راہیؔ!
جہاں لے جائے نظر جانے کو جی چاہتا ہے

جب سے پُھولوں کی آرزو کی ہے
باغباں! کیوں یہ بَد سلوکی ہے؟

ظلمتِ شب میں جاگ کر ہم نے
صُبحِ تاباں کی آرزو کی ہے

یہ بھی سوچا کبھی کہ اے واعظ!
آج مخلوق کتنی بُھوکی ہے؟

عیشِ عالَم بھی جس پہ ہو قرباں
ہم نے اُس غم کی جستجو کی ہے

آرزو جب زباں پہ لائے ہیں
ہم نے توہینِ آرزو کی ہے

ہم نے تارے گِنے نہیں۔ راہیؔ!
ہم نے تاروں سے گفتگو کی ہے

ہم سے وہ بے خبر نہ ہو جائے
زندگی دردِ سر نہ ہو جائے

ایک ایسی بھی رات گزری ہے
سوچتا تھا سحر نہ ہو جائے

مجھ کو ڈر ہے کہ دیر و کعبہ کا
مے کدے پر اثر نہ ہو جائے

طنزِ اہلِ جنوں پہ کیوں ناصح!
کوئی دیوانہ سر نہ ہو جائے

دوستوں کے سلوک کی راہیؔ!
دشمنوں کو خبر نہ ہو جائے

زندگی میں بڑا ضروری ہے
یہ سمجھنا کہ کیا ضروری ہے

لاکھ ہم بے نیاز ہوں لیکن
اک نہ اک مُدّعا ضروری ہے

دعوتِ انقلاب کے حق میں
ظلم کی انتہا ضروری ہے

دل کی حالت تو دیکھ لی۔ ناصح!
اب انھیں دیکھنا ضروری ہے

کوئی بھی راستہ ہو اے راہیؔ!
اک نہ اک راستا ضروری ہے

نہ آدمی نہ کتاب اور نہ معجزات میں ہے
پیمبری کا جو انداز کائنات میں ہے

کب اہلِ دَیر و حرم کے تصورات میں ہے؟
وہ منزلت جو ہمارے تخیلات میں ہے

فسانے گھڑنا ضروری نہیں ہے اے واعظ!
کہ زندگی کا ہر اک درس واقعات میں ہے

حقیقتوں کی حدوں تک ہماری ذات کا رنگ
تصورات میں کب ہے تری صفات میں ہے

ہزار کوئی کہے لاکھ ہم پڑھیں راہیؔ!
شعورِ فکر کا مخزن مشاہدات میں ہے

کہیں ہو قصرِ سلطاں میں نہیں ہے
اگر فردوس بر روئے زمیں ہے

کوئی بھی مصلحت حائل نہیں ہے
یہ زاہد کی نہیں میری جبیں ہے

تمھیں سونا ہے سو جاؤ ستارو!
مجھے تو اُن کے وعدے کا یقیں ہے

بھروسہ کر رہا ہوں میں خرد پر
کوئی مجھ سا بھی دیوانہ کہیں ہے

ابھی تک عشق کا معیار۔ راہیؔ!
جہاں ہم چھوڑ آئے ہیں وہیں ہے؟

کوئی کبھی کسی سے نہ عہدِ وفا کرے
یہ حادثہ کسی پہ نہ گزرے خدا کرے

ممکن نہیں وہ پیرویِ نقشِ پا کرے
اللہ جس کو حسنِ بصیرت عطا کرے

ہے محتسب بھی میری طرح ایک آدمی
بیچارہ میکدے کو نہ جائے تو کیا کرے؟

جو بات حق ہے کہتا ہوں ڈنکے کی چوٹ پر
پروا نہیں زمانہ مخالف ہوا کرے

راہیؔ تو اس اصول کا قائل ہے زاہدو!
سجدہ کوئی کرے تو حقیقت نما کرے

وہ محبّت جو والہانہ ہے
کچھ حقیقت ہے کچھ فسانہ ہے

پستیوں پر بلندیوں کا گماں
تیرگی کا بھی کچھ ٹھکانہ ہے

کون سُنتا ہے اُن کی محفل میں
ایسی رائے جو مخلصانہ ہے

جس کو لڑنا ہے وہ لڑے گا ضرور
دین و مذہب تو اک بہانہ ہے

با ادب! با ملاحظہ! ہُشیار!
محتسب! یہ شراب خانہ ہے

آئے ٹھہرے چلے گئے راہیؔ!
زندگی کا یہی فسانہ ہے

آدمی میں اگر بصیرت ہے
ہر فسانے میں اک حقیقت ہے

آدمی میں صلاحیت کی کمی
باعثِ تشنگیِ شہرت ہے

تنگ دستی ہزار ہو۔ پھر بھی
"تندرستی ہزار نعمت ہے"

جُستجوئے نشاط کی سوگند!
صبر سب سے بڑی مسرّت ہے

جب تصرّف غلط کیا جائے
علم بھی قابلِ مذمّت ہے

یہ کسی پر کرم نہیں۔ راؔہی!
خدمتِ خلق اپنی فطرت ہے

دوستی ہے نہ یہ عداوت ہے
حق بیانی ہماری عادت ہے

زلف بردوش جا رہا ہے کوئی
آدمی ہے کہ اک قیامت ہے

آؤ مل کر رہیں کہ اے لوگو!
مل کے رہنا بھی اک عبادت ہے

جس کا مقصد ہو اک نئی تعمیر
میرا مسلک وہی بغاوت ہے

جس کی تشہیر ہو اشاعت ہو
ایسی خیرات اک تجارت ہے

جذبۂ انتقام اے راہیؔ!
اپنی ہی ذات سے عداوت ہے

زلف جب عارضِ تاباں پہ بکھر جاتی ہے
سحر و شام کی تقدیر سنور جاتی ہے

دیکھ کر محوِ خیالِ غمِ جاناں مجھ کو
گردشِ وقت دبے پاؤں گزر جاتی ہے

جب بھی ہوتا ہے کہیں تذکرۂ دار و رسن
تیرے دیوانے پہ دُنیا کی نظر جاتی ہے

بے خبر! ہوش میں آ۔ سامنے میخانہ ہے
آ اِدھر۔ گردشِ ایّام اِدھر جاتی ہے

اک رہِ دار و رسن ہی پہ نہیں ہے موقوف
اُن کی محفل کو ہر اک راہ گذر جاتی ہے

ہم کو معلوم ہے راہیؔ! وہ نہیں آئیں گے
منتظر آنکھ مگر جانبِ در جاتی ہے

یہ جو ترے بارے میں مری دردِ سری ہے
تکمیلِ تقاضائے حیاتِ بشری ہے

کرتی ہے خرد جادۂ منزل کا تعین
منزل پہ جو لے جائے وہ آشفتہ سری ہے

پرواز کی طاقت ہے تو پھر۔ طائرِ گلشن!
کیوں لب پہ ترے شکوۂ بے بال و پری ہے

ہر چند وہ واقف ہے مرے سوزِ جگر سے
چہرے سے عیاں اُس کے مگر بے خبری ہے

اک بھیڑ ہر اک راہ میں ہے راہبروں کی
اِس دور میں مفقود مگر راہبری ہے

میں سب کا ہوں لیکن مرا کوئی نہیں راہیؔ!
اور اِس کا سبب میری وسیع النظری ہے

کیوں نہ مِل جُل کریں وہ اہتمامِ زندگی
جو بدل ڈالے یہ فرسودہ نظامِ زندگی

کچھ زیادہ تو نہیں، دو چار دن کی بات ہے
کیوں پریشاں ہو گرفتارانِ دامِ زندگی؟

کامیابی سے بسا اوقات کھائے ہیں فریب
اور ناکامی سے مِلتا ہے پیامِ زندگی

اس قدر چرکے دیئے ہیں گردشِ ایّام نے
بار ہے اب تو سماعت پر بھی نامِ زندگی

اقتضائے مشربِ بادہ پرستی کی قسم!
فرض ہے بادہ کشوں پر احترامِ زندگی

اور جو چاہیں کہیں۔ راؔہی! اجل کے مرثیے
ہم فقط تصنیف کرتے ہیں کلامِ زندگی

سب کچھ سپردِ جلوۂ حُسن و جمال ہے
اب اے نگاہِ ناز! ترا کیا خیال ہے؟

مجھ کو امیدِ مرگ پیامِ وصال ہے
بالکل غلط۔ کہ ہجر میں جینا محال ہے

مکر و ریا کے سائے ہیں ہر ہر نفس گناہ
اور اس پہ پارسائی کا دعویٰ کمال ہے؟

میری نظر میں میکدہ جنّت ہے اِس لیے
میرے لیے شراب کا پینا حلال ہے

راؔہی! تری غزل میں ہے پیغامِ زندگی
یہ اور بات ہے کہ زمیں پائمال ہے

شاذ و نادر ہی پیار ہوتا ہے
وہ بھی کب سازگار ہوتا ہے

ایک اک لمحہ بار ہوتا ہے
جب ترا انتظار ہوتا ہے

تیرگی کے مہیب پردوں میں
صبح کا اشتہار ہوتا ہے

خدمتِ خلق کا ہر اک لمحہ
وقفِ پروردگار ہوتا ہے

مقصدِ زیست کے تعیّن کا
فکر پر انحصار ہوتا ہے

آج کل رہزنوں کا بھی۔ راہیؔ!
رہبروں میں شمار ہوتا ہے

کہنے کو اک نگاہِ محبت کی بات ہے
لیکن خدا بچائے۔ قیامت کی بات ہے

ہم آدمی میں خوبیاں پائیں کہ خامیاں
یہ اپنے اپنے حُسنِ بصیرت کی بات ہے

جب کچھ جواب بن نہ پڑا۔ شیخ و برہمن
کہنے لگے یہ رازِ مشیّت کی بات ہے

دیر و حرم کی آڑ میں تفریق۔ الاماں!
مذہب کے نام پر یہ سیاست کی بات ہے

لا ساقیا! کہ وقت ٹھہرنے کی شے نہیں
واعظ کی بات روزِ قیامت کی بات ہے

راہیؔ! بلا سے طنز کریں شیخ و برہمن
اک زاویے سے یہ تری عزّت کی بات ہے

نا آشنائے راہ سہی۔ جستجو تو ہے
مجھ دُرخورِ کرم کو تری آرزو تو ہے

زندہ ہوں اِس یقیں کے سہارے کہ میرے پاس
دولت اگر نہیں ہے نہ ہو۔ آبرو تو ہے

میری نظر میں اور کوئی ہو نہ ہو مگر
اِس میں کوئی کلام نہیں ہے کہ تو تو ہے

یہ پھُول خوشنما نہ سہی۔ دیدہ ور! مگر
اِس پھُول میں خلوص و محبّت کی بو تو ہے

راہیؔ! وہ نغمہ زن ہے سُنو۔ طنز مت کرو
اشعار کچھ سہی نہ سہی۔ خوش گلو تو ہے

جو نشاطِ رنگ و نکہت کی فضائیں کھو گئے
آنے والی نسل کی راہوں میں کانٹے بو گئے

قُربِ منزل پر ہمیں تڑپا رہی ہے اُن کی یاد
جو چلے تھے ساتھ لیکن راستے میں کھو گئے

کر رہے تھے جب وہ گستاخی بُتوں کی شان میں
ہم نے کچھ ایسی سُنائی شیخ کو، بُت ہو گئے

اپنے چہرے پر مرے چہرے کا پرتو دیکھ کر
آئینے کے سامنے ٹھہرے تو پتھر ہو گئے

ہم اُنھیں روئیں کہ راہیؔ! اُن سے کوئی درس لیں
جو ہمیں بیدار کرنے آئے اور خود سو گئے

مجھ کو ساقی نے اس انداز سے صہبا دی ہے
بے پیے میں نے جو پی لی ہے بہت کافی ہے

آج اصولوں کی دُہائی کا سہارا لے کر
جی میں جو آئے کہیں آپ کو آزادی ہے

تو سمجھتا ہے سحر آئی ہے لیکن اے دوست!
میرے نزدیک ابھی رات بہت باقی ہے

دیر و کعبہ میں بڑا فرق ہے۔ مانا۔ لیکن
یہ نہ تسلیم کروں گا کہ وہ بُنیادی ہے

روشِ عام سے بچ بچ کے چلا ہے راہیؔ!
اس لیے لوگ سمجھتے ہیں کہ وہ باغی ہے

پلٹ کے آئے نہ اُس بزم کے تماشائی
سبھی نے کی ہے ازل سے قیاس آرائی

یہ سوچ کر کہ نہ بدنام ہو شکیبائی
ہزار ضبط کیا پھر بھی آنکھ بھر آئی

وہی ہے میری نگاہوں میں باعثِ اعزاز
جسے زمانہ سمجھتا ہے وجہِ رُسوائی

قدم قدم پہ جلاتا ہوں آگہی کے چراغ
اِسی لیے مجھے کہتے ہیں لوگ سودائی

میں راہبر نہیں۔ راؔہی ہوں اس لیے مجھ کو
نہ روک پائی ہے رستے میں آبلہ پائی

عشق نے دل پہ بارِ الم رکھ دیے
جیسے پتھر۔ خدا کی قسم! رکھ دیے

وہ بھی کیا راہرو ہے کسی راہ میں
جس نے بے سوچے سمجھے قدم رکھ دیے

صرف اُجالوں کی باتوں سے کیا فائدہ؟
کچھ جلا کر بھی شیخِ حرم! رکھ دیے

آدمی کے تخیّل نے پرواز کی
اور بنا کر یہ دیر و حرم رکھ دیے

ہر قدم پر اُسے اپنی منزل ملی
جس نے راہِ عمل میں قدم رکھ دیے

یوں تو راؔہی! صنم خانے بنتے نہیں
جس جگہ جس نے چاہا صنم رکھ دیے

اُن کا پیغام کوئی آئے تو کچھ بات بنے
دلِ بیتاب بہل جائے تو کچھ بات بنے

روز آتی ہے بہار اپنے تصوّر میں مگر
گلستاں میں اگر آجائے تو کچھ بات بنے

بات کی بات میں اے بات بنانے والے!
تجھ سے جب بات نہ بن پائے تو کچھ بات بنے

آ گئے ہیں رہِ اُلفت میں اب اس منزل پر
دل کو ہم دل ہمیں سمجھائے تو کچھ بات بنے

میں نے جس کے لیے اشعار کہے ہیں راہیؔ!
وہ غزل میری اگر گائے تو کچھ بات بنے

اک گنہگار جو مے خوار بھی ہو سکتا ہے
تیری رحمت کا طلبگار بھی ہو سکتا ہے

ہم سے دیوانوں کو اور حکم زباں بندی کا؟
تذکرہ تیرا سرِ دار بھی ہو سکتا ہے

جو شب و روز کیا کرتا ہے مجھ پر تنقید
وہ مرا مُونس و غمخوار بھی ہو سکتا ہے

جس کی تسبیح پہ ہوتا ہو تقدّس کا یقیں
وہ پسِ پردہ سیہ کار بھی ہو سکتا ہے

میرے ہونٹوں پہ تبسّم! مرا ضبطِ گریہ!
یہ مرے ظرف کا معیار بھی ہو سکتا ہے

کام کچھ فکر و تدبّر سے اگر لو۔ راہیؔ!
راستہ زیست کا ہموار بھی ہو سکتا ہے

برق و باراں کو جلائیں گے نہیں مانیں گے
آشیاں روز بنائیں گے نہیں مانیں گے

اپنے انداز نہ بدلو گے تو اے اہلِ وطن!
تم کو حالات رُلائیں گے نہیں مانیں گے

ہے یہی نظمِ گلستاں تو اسیرانِ قفس
جب کبھی چھوٹ کے آئیں گے نہیں مانیں گے

لبِ اظہار پہ تم لاکھ لگا دو پہرے
دل میں جو کچھ ہے سُنائیں گے نہیں مانیں گے

آج حالات بتاتے ہیں کہ ساقی کے خلاف
رند آواز اُٹھائیں گے نہیں مانیں گے

اُن کی اُلجھی ہوئی زُلفوں کے تقاضے راہیؔ!
ہم کو دیوانہ بنائیں گے نہیں مانیں گے

جب خیالات کو لفظوں کی قبا دی جائے
یہ ضروری ہے کہ دل کو بھی صَدا دی جائے

شیخ کا کام ہے رندو اکہ وہ سمجھائے تمھیں
یہ فریضہ ہے تمھارا کہ پلا دی جائے

وقت کا اب یہ تقاضہ ہے کہ ہر وہ دیوار
دل کو جو دل سے جُدا کر دے گرا دی جائے

ہم نہ جائیں گے جدھر فکر نہ لے جائے ہمیں
لاکھ اس سمت کوئی مُرسل دہا دی جائے

آگ دینا ہے بُرا اِس میں نہیں شک لیکن
اِس سے بَد تر ہے کہ شعلوں کو ہَوا دی جائے

یہ بھی اک فرض ہے رؔاہی کا کہ چلتے چلتے
جو بھٹکتے ہوں اُنھیں رَاہ دکھا دی جائے

جاں نثاری کی ادا جو اُن کے دیوانے میں ہے
وہ نہ شمعِ انجمن میں ہے نہ پروانے[لہ] میں ہے

زندگی رُوئے زمیں پر ہے تو شیخ و برہمن !
دیر و کعبہ میں نہیں ہے میرے میخانے میں ہے

جس کو سُن لیں تو لرز جائیں حقائق کے نقیب
زندگی کی وہ حقیقت میرے افسانے میں ہے

سُن رہا ہوں جانی پہچانی صدائے بازگشت
ایسا لگتا ہے ابھی تک قیس ویرانے میں ہے

چشمِ بینا سے ذرا دیکھیں تو اربابِ نظر
ہے جو کعبے میں وہی جلوہ صنم خانے میں ہے

جادۂ منزل میں راہیؔ ارہروی کی آبرو
مشکلوں کے درمیاں ہنس کر گزر جانے میں ہے

[لہ] اس قافیہ کا استعمال قصداً کیا گیا ہے۔

ہر وہ اندازِ تفکّر چھوڑ دے
جو محبّت کی روایت توڑ دے

کیا خبر ہے مصلحت بیں راہ میں
کس جگہ رُک جائے کب رُخ موڑ دے

تجھ سے سب ناخوش نہ ہو جائیں کہیں
سب کو خوش کرنے کی عادت چھوڑ دے

کم ملے اوروں سے تو اے بادہ خوار!
احتجاجاً ساغرِ مے توڑ دے

آدمی اور آدمی کے درمیاں
رشتۂ مہر و محبّت جوڑ دے

غیر ممکن ہے کہ راؔہی راہ میں
پیش گامی کا ارادہ چھوڑ دے

جو مصلحت کے تقاضوں کو ہم نہ ٹھکراتے
تو ہم بھی لائقِ صد احترام کہلاتے

کچھ آدمی ہیں جو اپنے مفاد کی خاطر
کبھی کبھی یہاں آتے ہیں۔ پھر نہیں آتے

انھوں نے اپنی غرض سے ہمیں بلایا ہے
خلوصِ دل سے بُلاتے تو ہم چلے آتے

ہماری سادہ مزاجی بجا سہی لیکن
فریب دیدہ و دانستہ ہم نہیں کھاتے

ہمارا رنگ بہت منفرد ہے اے راہیؔ!
جو گیت دوسرے گاتے ہیں ہم نہیں گاتے

ہائے وہ بھی تو مجھ سے غافل ہے
جو مری زندگی کا حاصل ہے

دشمنوں کی ہر ایک سازش میں
دوستوں کا خلوص شامل ہے

اب مرے دل پہ تبصرہ کیجے
آئینہ آپ کے مقابل ہے

بھول جائیں کہ اُن کو یاد کریں
اب تو یہ سوچنا بھی مشکل ہے

رہنما کا خلوص۔ اے راہی!
میری راہِ طلب میں حائل ہے

شاید اِسی لیے کہ ہر اک تشنہ کام ہے
واعظ یہ کہہ رہے ہیں کہ پینا حرام ہے

جو کچھ کہا ہے میں نے وہ تیرا پیام ہے
کس مُنہ سے میں کہوں کہ یہ میرا کلام ہے

میں انقلابِ دہر کے حق میں ہوں۔ دوستو!
میری نظر میں ایک "مکمّل نظام" ہے

یوں جھانکتا ہے چاند گھٹاؤں کی اوٹ سے
محسوس ہو رہا ہے کوئی ہم کلام ہے

مشکل ہے راہ اور ہے منزل نظر سے دور
راہیؔ! یہ اُس کی بات ہے، جو سُست گام ہے

اُن کی چشمِ کرم جو مجھ پر ہے
وجہِ تسکینِ قلبِ مضطر ہے

صاحبِ علم اور دست نگر!
کتنا افسوسناک منظر ہے

علم اور آگہی کا سر چشمہ
جس کا دل ہو وہی پیمبر ہے

اس سے پہلے کہ لوگ پہچانیں
خود کو پہچان لو تو بہتر ہے

کوئی امید ہی نہ کی جائے
عالمِ یاس سے یہ بہتر ہے

سیکڑوں ناصحوں سے۔ اے راہیؔ!
اک مجاہد ہزار بہتر ہے

اگر نا آشنائے رازِ گُل شبنم نہیں ہوتی
چمن میں ایسی بدنظمی تو کم سے کم نہیں ہوتی

مری نظروں میں وہ ناچیز دولت ہے، جو لُٹ جائے
مجھے تو ناز اُس دولت پہ ہے جو کم نہیں ہوتی

ذرا یہ سوچ کر کیجے ستم ہم پر کہ دُنیا میں
کسی کی ناز بَرداری کبھی پیہم نہیں ہوتی

گھٹا ظلمت کی چھائے جہل کی آندھی چلے لیکن
چراغِ آگہی کی لَو کبھی مدّھم نہیں ہوتی

غرض یا مصلحت جس کے پسِ پردہ ہو۔ اَراہیؔ!
زمانہ کچھ کہے۔ وہ رائے مستحکم نہیں ہوتی

کچھ نئی بات ہونے والی ہے
کائنات آج ٹھہری ٹھہری ہے

آپ تلقین پھر کریں۔ واعظ!
پہلے یہ تو بتائیے۔ پی ہے؟

دیر و کعبہ تو پاس ہیں لیکن
شیخ اور برہمن میں دُوری ہے

دیکھتا ہوں وہ مجھ سے برہم ہیں
سوچتا ہوں کہ کیا خطا کی ہے؟

ہاتھ خالی ہوں یا بھرے۔ راہی!
صاف ہوں یہ بہت ضروری ہے

ممکن نہیں کہ ایسی گھڑی کوئی بنادے
جو گزرے ہوئے وقت کے گھنٹوں کو بجادے

سمجھانے کو آئے ہیں کہ بہکانے کو واعظ
اوڑھے ہوئے بے رُوح عقیدوں کے لبادے

میں بھی تو ہوں منجملۂ رندانِ بلانوش
مجھ کو بھی کبھی خاص نگاہوں سے پلادے

دیوانہ جو دے آگ بُرا ہے مگر اس سے
بدتر ہے وہ فرزانہ جو شُعلوں کو ہوا دے

انسان کی عظمت کے لیے فن کا تصرف
راہیؔ! بڑی نعمت ہے، مگر جس کو خدا دے

نیک مقصد کے لیے ہر کام ہونا چاہیے
اور نظر بے گانۂ انجام ہونا چاہیے

عہدِ غم ہو یا خوشی کا وقت ہو ہر حال میں
احترامِ گردشِ ایّام ہونا چاہیے

لاکھ وہ پردے میں ہوں پر پردے کو جُنبش ہی سہی
کچھ تو تسکینِ دلِ ناکام ہونا چاہیے

ساقیِ شام و سحر کی بزم میں بادہ کشی
بے نیازِ قیدِ صُبح و شام ہونا چاہیے

بادۂ صبر و سکوں کا جام پینے کے لیے
تم کو۔ راؔہی ! خوگرِ آلام ہونا چاہیے

کوئی کیوں مشکلاتِ راہ سے حیران ہوتا ہے
اگر ہو عزم محکم۔ ہر سفر آسان ہوتا ہے

اذاں در گوش تمہیدِ نمازِ میتِ آدم
بقیدِ زندگی مومن خدا کی شان ہوتا ہے

جب اُن کے دیدۂ پُر آب میں ڈوبے تو ہم سمجھے
کہ ساحل سے زیادہ پُر سکوں طوفان ہوتا ہے

ہوا کرتی ہے محکم زندگی بادِ مخالف سے
بہ ظاہر ظُلم ہوتا ہے مگر احسان ہوتا ہے

فرشتے کی طرح صورت فرشتے کا لب و لہجہ
پسِ پردہ اسی انداز میں شیطان ہوتا ہے

عمل ناآشنا گفتار سے بچیے کہ اے راہی!
عمل کی زندگی سے آدمی انسان ہوتا ہے

دوزخ کے خوف میں ہے نہ خوابِ اِرم میں ہے
جو شانِ رہبری ترے نقشِ قدم میں ہے

ناآشنائے تنگیِ داماں ہوں۔ اِس لیے
سارے جہاں کا عکس مری چشمِ نم میں ہے

محسوس کر رہا ہوں وہ کیفیّتِ سکوں
جو ضبطِ غم میں ہے نہ جو اظہارِ غم میں ہے

کچھ تو ہے طرزِ دید کا انداز مُعتبر
کچھ جلوۂ خدا بھی ہمارے صنم میں ہے

راؔہی! جو چاہیں شیخ و برہمن کہیں مگر
میں خوب جانتا ہوں جو دیر و حرم میں ہے

حق و انصاف کی بے خوف حمایت کی ہے
یہ بغاوت ہے تو ہاں ہم نے بغاوت کی ہے

سجدہ ریزی سے نہیں ہم نے خلوصِ دل سے
خدمتِ خلقِ خدا کر کے عبادت کی ہے

کر کے تذلیل مرے عشقِ بُتاں کی۔ اے شیخ!
تو نے انسان کی فطرت سے بغاوت کی ہے

شوق سے شیخ و برہمن مجھے بدنام کریں
میں نے حق کی نہیں۔ باطل کی مذمت کی ہے

مجھ کو رُسوائی کا کچھ خوف نہیں۔ اے راؔہی!
میں نے عزّت نہیں بیچی ہے محبت کی ہے

میرا دل بے بسی کا مدفن ہے
پھر بھی اس پر نگاہِ رہزن ہے

جہد کا جو معاوضہ چاہے
وہ مجاہد نہیں مہاجن ہے

دُوسروں پر ہے کیوں عبث الزام
آدمی خود ہی اپنا دُشمن ہے

جو خوشامد پسند ہے وہ شخص
اپنا ہی بد ترین دُشمن ہے

فکر و احساس کی ہم آہنگی
شعر میں ہو تو یہ بڑا فن ہے

اُن کے حُسن و جمال میں راہیؔ!
جب نظر ڈالیے نیا پن ہے

سجدہ سنگِ درِ جو رسماً ہے
احتراماً نہ امتحاناً ہے

آمدِ شیخِ محترم ساقی!
اتفاقاً نہیں ہے قصداً ہے

میرا مقصد ہے صرف حمدِ خدا
تذکرہ بُت کا اصطلاحاً ہے

بات کچھ اور ہی ہے جلوۂ یار!
ذکرِ رنگِ بہار ضمناً ہے

میری بیگانگیِ ہوش و خرد
ان کی نظروں میں اتفاقاً ہے

اُن کی جانب سے آج کل راہی!
پرسشِ حالِ دل بھی طنزاً ہے

مرا وطن ہے مرا شہر ہے مرا گھر ہے
مرے لیے مری جنّت اِسی میں پر ہے

وہ بہترین محاسن کا ایک پیکر ہے
وہ آدمی ہے مگر آدمی سے برتر ہے

کہیں ملا نہ ملے گا مجھے وہ کیف و سُرور
جو مجھ کو صرف تری یاد سے میسّر ہے

ہماری رائے میں بچّوں کی توتلی بولی
کلامِ اہلِ زباں سے ہزار بہتر ہے

جس آدمی کو ضرورت ہے کچھ سہاروں کی
وہ باکمال نہیں ہے وہ شعبدہ گر ہے

مجھے جو پیار ہے انسانیت سے۔ اے راہیؔ!
مرا کلام اُسی پیار کا سمندر ہے

آج بھی ذہنِ شاعریں کم ہے
زندگی کا جو پہلو اہم ہے

اب ستم ہے نہ کوئی کرم ہے
ہر ستم سے بڑا یہ ستم ہے

شیخ ہے بُت کدے سے شناسا
برہمن رازدارِ حرم ہے

میں وہاں ہوں جہاں غمگسارو!
پُرسشِ حالِ دل بھی ستم ہے

شیخ ہو برہمن ہو کہ راہب
ان میں کوئی کسی سے نہ کم ہے

میرا یہ تجربہ ہے کہ راہیؔ!
شعر گوئی مُداوائے غم ہے

ہم اِسی واسطے بیٹھے ہیں یہاں دل والے
مسئلے لے کے چلے آئیں مسائل والے

اُس نے ہر دَور میں پایا ہے خراجِ تحسیں
جس کو گمراہ نہ کر پائے دلائل والے

موجِ طوفاں سے لڑے جاؤ سفینے والو!
تم کو ہرگز نہ بچا پائیں گے ساحل والے

جب بھی پڑتی ہیں مرے چہرے پہ اُن کی نظریں
تکنے لگتے ہیں مجھے رشک سے محفل والے

حوصلے اور بڑھے اور بڑھے اور بڑھے
جبر سے دَب نہ سکے طوق و سلاسل والے

بجھ گئے ہیں جو دیئے اُن کو جلاؤ راہیؔ!
ورنہ بھٹکیں گے بہت جادۂ منزل والے

ہزاروں بار کہہ کر بے وفا کو باوفا میں نے
زمانے کو دکھایا ہے وفا کا راستا میں نے

بڑی عزت سے اہلِ فکر میرا نام لیتے ہیں
گنہگاروں کو اک دن کہہ دیا تھا پارسا میں نے

تم اپنے آپ کو کچھ بھی کہو۔ مذہب کے دیوانو!
نہ دیکھا کوئی تم جیسا خدا نا آشنا میں نے

وہیں کچھ اور کم کر دی مرے حصّے کی ساقی نے
جہاں اُس کو دیا ساقی گری کا واسطا میں نے

جلا کر ظلمتِ باطل میں حق کی مشعلیں۔ یارو!
زمانے کو بنایا ہے حقیقت آشنا میں نے

بہت ہی معتبر ہوں کیونکہ میں راہی ہوں۔ اے راہی!
قسم لے لو اگر خود کو کہا ہو رہنما میں نے

نہ چارہ گر کے نہ کچھ بھی دوا کے ہاتھ میں ہے
علاجِ دردِ محبّت تمھارے ہاتھ میں ہے

ہوئے ہیں ایسے گرفتارِ دامِ رسم و رواج
کہ آنکھیں بند ہیں مشعل ہمارے ہاتھ میں ہے

خزاں کا شکوہ غلط ہے۔ نگاہ دارِ چمن !
وقارِ صبحِ بہاراں تمھارے ہاتھ میں ہے

نہ عاقبت کی کوئی فکر ہے نہ دُنیا کی
تمھارا ہاتھ یہ جب تک ہمارے ہاتھ میں ہے

ہے اپنا کام تو جہدِ مُسلسل۔ اے راہیؔ!
مآلِ جہدِ مُسلسل خدا کے ہاتھ میں ہے

احساسِ رہائی نے لی ہے وہیں انگڑائی
زنداں میں ہمارے جب باہر کی ہوا آئی

ہے شیخ میں اور مجھ میں یہ فرق کہ ملنے پر
اُس نے تو کہا 'کافر' اور میں نے کہا 'بھائی'

ہم خوب سمجھتے ہیں جو کچھ ہے ترے دل میں
رہنے بھی دے۔ اے واعظ! یہ حاشیہ آرائی

مانا کہ مرے گھر کا ماحول ہے افسردہ
وہ آئیں تو ہوجائے خود انجمن آرائی

احباب کا۔ اے راہی! انداز عجب دیکھا
ہنسنے پہ مرے روئے۔ رونے پہ ہنسی آئی

یہ سچ ہے میسّر حضوری نہیں ہے
مگر پھر بھی کچھ اُن سے دُوری نہیں ہے

سرِ بزم اُن کا وہ حُسنِ تغافل
مری داستاں اب ادھوری نہیں ہے

میں اچھی طرح جانتا ہوں کہ واعظ!
تری مصلحت لاشعوری نہیں ہے

مرا یہ عقیدہ ہے دَیر و حرم میں
کوئی قابلِ ذکر دُوری نہیں ہے

سمجھنے کی یہ بات بھی ہے کہ راہی!
سبھی کچھ سمجھنا ضروری نہیں ہے

سوچ مت اپنے مرنے جینے کی
ناخدا! فکر کر سفینے کی

ترکِ اُلفت کا مشورہ۔ ناصح!
بات کچھ کیجیے قرینے کی

جانے کس کس پہ آگیا الزام
موت خود آئی تھی سفینے کی

آکے پلکوں پہ رُک گئے آنسو
بات وہ آپ کی ہنسی نے کی

روئی شبنم چمن میں پھول ہنسے
جب کوئی گفتگو کلی نے کی

جو غرض کے غلام ہیں راؔہی!
وہ نہیں دیکھتے بدی نیکی

مجھے خبر ہے مری شانِ جستجو کیا ہے؟
اور اس لیے کہ میں یہ جانتا ہوں تو کیا ہے؟

ضمیر میں جو کثافت ہے اُس کو دھوئے شیخ!
نہیں تو مجھ کو بتا مقصدِ وضو کیا ہے؟

تجھے ہی سونپ دیا ہے تری تلاش کا غم
تو خود بتا کہ تری راہِ جستجو کیا ہے؟

نگاہِ شوق نے سب کچھ بتا دیا اُن کو
زباں نے لاکھ چھپایا کہ آرزو کیا ہے؟

ہزار شیخ و برہمن فریب دیں لیکن
میں جانتا ہوں کہ میں کیا ہوں اور تو کیا ہے؟

جنابِ شیخ کی توہین ہو جہاں۔ راہیؔ!
وہاں بتاؤ۔ برہمن کی آبرو کیا ہے؟

کچھ آدمی سماج پہ بوجھل ہیں آج بھی
رسّی تو جل گئی ہے مگر بَل ہیں آج بھی

انسانیت کو قتل کیا جائے اِس لیے
دَیر و حَرم کی آڑ میں مقتل ہیں آج بھی

اب بھی وہی ہے رَسم و روایت کی بندگی
مطلب یہ ہے کہ ذہن مقفّل ہیں آج بھی

باتیں تمھاری، شیخ و برہمن! خطا معاف!
پہلے کی طرح غیر مُدلّل ہیں آج بھی

راؔہی! ہر ایک سمت فساد و عناد کے
چھائے ہوئے فضاؤں میں بادل ہیں آج بھی

امنِ عالم جبر کے جس آہنی پنجے میں ہے
آؤ۔ اس کو توڑ دیں۔ انسانیت خطرے میں ہے

جس کے بعد انسان پا جاتا ہے ہر غم سے نجات
زندگی کا ماحصل اُس آخری لمحے میں ہے

اب تمھارا فرض ہے اس کی حفاظت بھکشو!
آدمیت برہمن اور شیخ کے نرغے میں ہے

کس قدر بدلا ہوا ہے دَورِ حاضر کا مزاج؟
کیا قیامت ہے، جنوں بھی عقل کے کہنے میں ہے

دیکھنے کے واسطے چشمِ بصیرت چاہیے
کائناتِ حُسن کا جلوہ ہر اک ذرّے میں ہے

لب پہ کچھ ہے دل میں کچھ ہے اِس سیاسی دَور میں
کون کہہ سکتا ہے راہی! کون کس خیمے میں ہے؟

ذرا بھی شور موجوں کا نہیں ہے
سفینہ تو کوئی ڈوبا نہیں ہے

تمہارا حُسن کیا ہے کیا نہیں ہے
تمہیں خود اِس کا اندازا نہیں ہے

تری محفل کا کس سے حال پوچھیں؟
وہاں جاکر کوئی پلٹا نہیں ہے

یہ میخانہ ہے اک جائے مُقدّس
چلے آؤ - یہاں دھوکا نہیں ہے

وہ اِس پر ہو گئے ہیں اور برہم
کہ راؔہی کو کوئی شکوا نہیں ہے

اس شہرِ نگاراں کی کچھ بات نرالی ہے
ہر ہاتھ میں دَولت ہے۔ ہر آنکھ سوالی ہے

شاید غمِ دَوراں کا مارا کوئی آجائے
اِس واسطے ساغر میں تھوڑی سی بچالی ہے

ہم لوگوں سے یہ دُنیا بدلی نہ گئی لیکن
ہم نے نئی دُنیا کی بُنیاد تو ڈالی ہے

اس آنکھ سے تم خود کو کس طرح چھپاؤ گے
جو آنکھ پسِ پردہ بھی دیکھنے والی ہے؟

جب غور سے دیکھی ہے تصویر تری میں نے
محسوس ہوا۔ جیسے اب بولنے والی ہے

دُنیا جسے کہتی ہے بے راہ رَوی۔ راہیؔ!
جینے کے لیے ہم نے وہ راہ نکالی ہے

اگر تسخیرِ دل ہو جائے تو یہ حجّ اکبر ہے
مثل سچ ہے کہ اک دل سیکڑوں کعبوں سے بہتر ہے

اگر دل میں اندھیرا ہو تو ایسے آنکھ والے سے
وہ نابینا بہت بہتر ہے جس کا دل منوّر ہے

کہاں تک آ گئے ہیں کم سے کم یہ تو بتاتا ہے
ہمارے رہنما سے میل کا پتّھر ہی بہتر ہے

نہیں قیدِ مقامِ سجدہ ریزی میرے مسلک میں
جہاں جھک جائے سر اپنا وہی اللہ کا گھر ہے

اُسے دیر و کلیسا و حرم سے کیا غرض۔ راہی!
جسے پاکیزگیِ قلب کی دَولت میسّر ہے

تابِ نظّارہ ہے۔ دل حاصلِ صد طور بھی ہے
ہاں ۔ مگر سامنے آنا اُنھیں منظور بھی ہے؟

مختلف ہوتا ہے ہر شخص کا معیارِ تلاش
تو بہت پاس بھی ہے اور بہت دُور بھی ہے

عظمتِ عہدِ گزشتہ ہے مجھے تسلیم۔ مگر
میری نظروں میں نئے دَور کا دستور بھی ہے

آدمی چاہے تو حالات بدل سکتا ہے
اپنے حالات سے خود آدمی مجبور بھی ہے

میرے ہونٹوں پہ تغافل کا گلہ ہے اے دوست!
پھر بھی دل ہے کہ تری یاد سے معمور بھی ہے

ہر طرف تذکرۂ دار و رسن ہے۔ راہیؔ!
دیکھنا یہ ہے کہ کوئی کہیں منصور بھی ہے؟

ہرگز نہ مانتا کہ وہ جلوہ بشر میں ہے
لیکن اک آدمی ہے جو میری نظر میں ہے

اس کو پتا نہیں ہے جو میری نظر میں ہے
اندازِ گمرہی جو مرے راہبر میں ہے

واقف ہے جس سے صرف ہماری نگاہِ شوق
ایسا بھی اک مقام تری رہ گزر میں ہے

سچ کہیے ہو سکی ہے کسی کو کبھی نصیب؟
ایسی ادا جو آپ کے شوریدہ سر میں ہے

راہیؔ! یہ کہہ دو اُن سے کہ وہ مطمئن رہیں
جو راز دل میں ہے، وہ ابھی گھر کے گھر میں ہے

ابھی سے اے دلِ ناداں! یہ بے خودی کیا ہے
ابھی تو عشق کا آغاز ہے ابھی کیا ہے

ملے تو کشمکشِ زیست سے ذرا فُرصت
تو پھر سکون سے سوچیں گے۔ زندگی کیا ہے؟

ہر ایک رسمِ عبادت سے بے نیاز ہوں میں
اور اس لیے کہ سمجھتا ہوں بندگی کیا ہے

علاوہ اِس کے کہ ہم خود سے بے نیاز رہیں
کوئی بتائے شعورِ خود آگہی کیا ہے؟

شعورِ فکر و نظر کے بغیر۔ اے راہیؔ!
سوال یہ ہے کہ معیارِ شاعری کیا ہے

نظر شاہد ہے اُس کی دل کشی کچھ اور بڑھتی ہے
کسی کے حُسن کی جب سادگی کچھ اور بڑھتی ہے

جہاں بڑھتی ہے دَولت کی فراوانی وہاں ہم نے
یہ دیکھا ہے کہ ذہنی مُفلسی کچھ اور بڑھتی ہے

اگر غم منقسم ہو جائے تو ہوتا ہے کم۔ یارو!
مگر تقسیم ہونے پر خوشی کچھ اور بڑھتی ہے

کسی کو حاسدانہ بَددُعا دیتا ہے جب کوئی
میں سُنتا ہوں کہ اُس کی زندگی کچھ اور بڑھتی ہے

جو ہو جاتے ہیں حائل راہ میں طوفان۔ اے راہیؔ!
نہ جانے کیوں مری رفتار بھی کچھ اور بڑھتی ہے

سنگ دل پر بھی محبّت کا اثر ہوتا ہے
ہم نے دیکھا ہے کہ پتّھر میں شرر ہوتا ہے

جہدِ پیہم ہی سے ہر معرکہ سر ہوتا ہے
کون کہتا ہے دُعاؤں میں اثر ہوتا ہے؟

ماورائے غمِ دَوراں وہ بشر ہوتا ہے
جس کا ہر لمحہ ترے غم میں بسر ہوتا ہے

اُن کی جب یاد ستاتی ہے۔ مِرے چہرے سے
درد ظاہر نہیں ہوتا ہے۔ مگر ہوتا ہے

لوگ جو چاہے کہیں باز نہ آنا۔ راہیؔ!
حق بیانی کا بہر حال اثر ہوتا ہے

خیالِ ضبط نے جب بندشِ فغاں کی ہے
نگاہِ شوق نے خود آرزو بیاں کی ہے

لگا کے نعرۂ تعمیرِ گلستاں ہم لوگ
سمجھ رہے ہیں کہ تعمیرِ گلستاں کی ہے

"نہیں نہیں" کے تسلسل کے درمیاں اُس نے
خدا کا شکر۔ کسی بات پر تو "ہاں" کی ہے

وہی قبول ہوئی ہے خلوص سے زاہد!
خدا کی حمد و ثنا جس نے جب جہاں کی ہے

سرِ مزار جلا کر چراغ ہم۔ راہی!
یہ سوچتے رہیں کہ تقلیدِ رفتگاں کی ہے

آئینہ سامنے ہے عالمِ تنہائی ہے
خود تماشا ہے کوئی خود ہی تماشائی ہے

شیخ کی رائے میں جو باعثِ رُسوائی ہے
درحقیقت وہ نئے دَور کی انگڑائی ہے

تم نے کھائی ہے قسم مجھ کو بُرا کہنے کی
میں نے اظہارِ تشکّر کی قسم کھائی ہے

دل میں جو کچھ ہے ترے اصل متن ہے لیکن
لب پہ جو کچھ ہے ترے حاشیہ آرائی ہے

آج جو دادِ سخن مجھ کو ملی ہے راؔہی!
میں سمجھتا ہوں کہ یہ حوصلہ افزائی ہے

شکر ہے جاتا رہا سر سے عذابِ زندگی
ہوگیا شرمندۂ تعبیر خوابِ زندگی

ہم ترے لطف و کرم سے ساقیِ لیل و نہار!
وقت کے ساغر میں پیتے ہیں شرابِ زندگی

لمحہ لمحہ گوش بر آواز ہوتا ہے وہاں
چھیڑ دیتے ہیں جہاں بھی ہم ربابِ زندگی

شورِ طوفاں پر بھی چھا جاتا ہے ماتم کا سکوت
ٹوٹ جاتا ہے یکا یک جب حبابِ زندگی

ہم اگر۔ راہی! بیاضِ عشق پر لکھ دیں غزل
اک نیا عنوان پا جائے کتابِ زندگی

آگہی جب فریب کھاتی ہے
جہل کو اور بھی بڑھاتی ہے

پاؤں ٹکا ہیں کھیلتا تھا جہاں
وہ گلی ے اب بھی یاد آتی ہے

دَورِ حاضر کی مہربانی سے
یادِ ماضی بہت ستاتی ہے

کیسے کیسے فریب دے کر عقل
جہل کو جہل سے لڑاتی ہے

کیا خطا ہے جنوں کی اے راہیؔ!
عقل خود سے فریب کھاتی ہے

ے اپنی جنم بھومی امروہہ میں اپنے آبائی مکان کی گلی دیکھ کر بچپن کی پرانی یادیں ابھر آئیں اور یہ شعر بے ساختہ ہوگیا

شیخ کو ہم نے کہیں وقتِ اذاں دیکھا ہے
یہ مگر ہم سے نہ پوچھو کہ کہاں دیکھا ہے

مشعلِ راہ جہاں عزمِ جواں دیکھا ہے
ہر قدم پر وہاں منزل کا نشاں دیکھا ہے

محفلِ حُسن میں، آدابِ نظارہ کی قسم!
ہم نے صرف آنکھوں کو مصروفِ بیاں دیکھا ہے

شیخ میخانے میں انسان کی پستی دیکھیں
ہم نے انسان کی عظمت کو وہاں دیکھا ہے

جس نے دیکھا ہے خزاں میں بھی نہیں آئے راہیؔ!
اُس نے رنگین بہاروں کا سماں دیکھا ہے

بہ زعمِ حق پرستی کر نہ باطل کی نگہبانی
چرا کارِ کند عاقل اکہ باز آید پشیمانی

کیا کرتا ہے روشن زندگی کا اک نہ اک پہلو
ہر اک پیغامبر آکر بہ صد اندازِ لاثانی

نہ بچ پائیں کسی آفت سے تو روتے ہیں قسمت کو
جو بچ جائیں تو ہم کہتے ہیں اس کو فضلِ ربّانی

ذرا یہ سوچ کر تنقید کیجے دورِ حاضر پر
کہ اب فیشن میں شامل ہو گئی ہے نیم عُریانی

وہاں اخلاق اور تہذیب کی قدریں نہیں ملتیں
جہاں ہم کو نظر آتی ہے دولت کی فراوانی

عمل کی زندگی سے کیجے یادِ رفتگاں۔ راہیؔ!
غلط۔ بالکل غلط۔ بے رُوح رسمِ مرثیہ خوانی

ہر بات میری اُن کی سماعت پہ بار ہے
دل ہے کہ اِس ادا کا بھی منت گذار ہے

غنچوں میں تازگی نہ گُلوں پر نکھار ہے
اور لوگ کہہ رہے ہیں چمن میں بہار ہے

نفرت نہیں ہے تم سے مگر۔ شیخ و برہمن!
اک بات ہے جو مجھ کو بہت ناگوار ہے

مسجد کو بُت سمجھ کے برہمن ہو سر نگوں
شیخ! اس میں کس کی جیت ہے، اور کس کی ہار ہے

پردہ جو مصلحت کا پڑا ہے اُٹھا کے دیکھ
یہ شامِ غم ہے دوست! کہ صبحِ بہار ہے

جو آئے اور گیسوئے گیتی سنوار دے
راہی! ازل سے اس کا ہمیں انتظار ہے

پُرسشِ حال بہ ہر طور عبادت ہوگی
آپ زحمت نہ کریں آپ کو زحمت ہوگی

موم کی طرح پگھل جائیں گے باطل کے پہاڑ
کارفرما جہاں ایماں کی حرارت ہوگی

صرف سجدوں سے نہ کچھ کام چلے گا۔ زاہد!
خدمتِ خلق کرو گے تو عبادت ہوگی

میں رہِ عشق سے خود بچ کے گزرتا لیکن
مجھ کو معلوم نہ تھا۔ دل کی یہ حالت ہوگی

پھول کانٹوں پہ اگر ہنستے رہیں گے راہیؔ!
اک نہ اک روز گلستاں میں بغاوت ہوگی

فکر احساس کی معاون ہے
اس لیے غم بھی میرا محسن ہے

یوں گزارو ہر ایک دن گویا
زندگی کا یہ آخری دِن ہے

ارتقا کی ہر ایک منزل کا
صرف اپنا شعور ضامن ہے

بازوئے حق کو پنجۂ باطل
توڑ ڈالے یہ غیر ممکن ہے

سچ کہا ہے کسی نے۔ اے راہیؔ!
جسم کی رات رُوح کا دن ہے

کہہ رہا ہے کوئی تجھ سے ہی جو تیرا راز ہے
اے دلِ ناداں! ٹھہر سُن کس کی یہ آواز ہے

کوئی نغمہ - نغمۂ غم کے سوا بجتا نہیں
کس قدر بگڑا ہوا اب زندگی کا ساز ہے

جب کوئی ملتا ہے میرے شہر کا ساکن اُنھیں
میری بابت پوچھ لیتے ہیں یہ کم اعزاز ہے؟

شاعرانِ دہر کی خوش فہمیاں تو دیکھیے
ہر کوئی اپنی نظر میں حافظِ شیراز ہے

لوگ کہتے ہیں کہ. اے راہی! ترے اشعار میں
زندگی کی جستجو ہے فکر کی پرواز ہے

گفتگو یہ کہ زیست فانی ہے
اور عمل یہ کہ جاودانی ہے

خود بلائی ہوئی مصیبت کو
لوگ کہتے ہیں آسمانی ہے

ایک مفلس کے چند اشکوں میں
کتنے لوگوں کی ترجمانی ہے

عین فطرت ہے سن کے دل کی صدا
ذہن سمجھے کہ آسمانی ہے

نامکمل سہی مگر۔ راہیؔ!
میرا قصّہ مری زبانی ہے

ہر اہتمام سیاست کا شاخسانہ ہے
یہ کیسا وقت ہے یارب! یہ کیا زمانہ ہے

خدا سے میرا تعارف جو غائبانہ ہے
اِفادیت کا بھلا اُس کی کچھ ٹھکانہ ہے!

تری ادائے ستم کا گلہ نہیں مجھ کو
مگر وہ رنگِ تجاہل جو عارفانہ ہے؟

اُجڑ چکا ہے خلوص و وفا کا شہر مگر
جو بچ گیا ہے وہ میرا غریب خانہ ہے

میں تبصروں سے اُٹھاتا ہوں فائدہ راؔہی!
مگر وہ تبصرہ جو محض حاسدانہ ہے؟